INCLUSIÓN DIGITAL

INCLUSIÓN DIGITAL

Una mirada crítica sobre la
evaluación del Modelo Uno a Uno
en Latinoamérica

Sebastián Benítez Larghi
Rosalía Winocur Iparraguirre
(coordinadores)

Inclusión digital: una mirada crítica sobre la evaluación del modelo Uno a Uno en Latinoamérica / Sebastián Benítez Larghi ... [et al.]; coordinación general de Sebastián Benítez Larghi; Rosalía Winocur Iparraguirre. - 1a ed . - Ciudad Autónoma de Buenos Aires : Teseo, 2016. 194 p. ; 20 x 13 cm.
ISBN 978-987-723-116-8
1. Educación. 2. Evaluación. 3. Tecnología de la Información y las Comunicaciones. I. Benítez Larghi, Sebastián II. Benítez Larghi, Sebastián, coord. III. Winocur Iparraguirre, Rosalía, coord.
CDD 370.7

Imagen de tapa: (CC) Jorge Gobbi, "Ceibalitas", Flickr, 2012

© Editorial Teseo, 2016

Buenos Aires, Argentina

Editorial Teseo

Hecho el depósito que previene la ley 11.723

Para sugerencias o comentarios acerca del contenido de esta obra, escríbanos a: **info@editorialteseo.com**

www.editorialteseo.com

ISBN: 9789877231168

Compaginado desde TeseoPress (www.teseopress.com)

Índice

Introducción 9
Sebastián Benítez Larghi y Marina Moguillansky

Primera sección 15

Capítulo 1 17
Contexto de emergencia de los modelos de inclusión digital Uno a Uno en América Latina
Marina Moguillansky, Ariel Fontecoba y Magdalena Lemus

Capítulo 2 49
Las evaluaciones del Programa Conectar Igualdad: actores, estrategias y métodos
Jimena Ponce de León y Nicolás Welschinger Lascano

Capítulo 3 85
Estudios sobre el Plan Ceibal de Uruguay: trayectorias evaluativas en torno a una experiencia pionera
Sebastián Benítez Larghi

Capítulo 4 121
Propuestas de orden epistemológico y metodológico para la evaluación cualitativa de programas de inclusión digital en familias de menores recursos
Rosalía Winocur Iparraguirre

Segunda sección 137

Introducción a la segunda sección 139

Capítulo 5 143
Perspectivas, tensiones y límites en la evaluación de las políticas Uno a Uno en América Latina
Inés Dussel

Capítulo 6 165
Ampliar la mirada: la evaluación de proyectos de incorporación de tecnologías digitales en contextos educativos
Judith Kalman

Introducción

SEBASTIÁN BENÍTEZ LARGHI Y MARINA MOGUILLANSKY

En los últimos años, la mayoría de los gobiernos latinoamericanos han realizado esfuerzos destinados a mejorar la inclusión digital en sus países, desarrollando diversas políticas aplicadas en el ámbito educativo. Estas políticas han sido y continúan siendo profusamente evaluadas a través de estudios e investigaciones, en algunos casos por encargos de los propios Estados y en otros casos por organismos internacionales, con distintos enfoques, entre los cuales predomina claramente la perspectiva de medir el impacto que dichas políticas tienen sobre la calidad educativa. En este contexto, resulta pertinente y necesaria una reflexión crítica acerca de las formas en que se evalúan estas políticas, puesto que las evaluaciones no son neutrales y tienen, lógicamente, consecuencias en la continuidad, reformulación o abandono de los programas.

Entre las diversas evaluaciones a los programas de inclusión o alfabetización digital disponibles, escogimos concentrarnos en la reflexión crítica de aquellas basadas en el modelo Uno a Uno no solo por su alcance masivo y generalizado sino también por la fuerte expectativa (explícita o implícita) de que llevar la computadora a la casa produjera sinergias en el hogar en cuanto a la alfabetización digital de los adultos mayores, el acceso al e-gobierno y el estímulo a distintos emprendimientos productivos, sociales o culturales en la familia o en la comunidad. En consecuencia, el estudio se focalizó en recuperar cómo en dichas evaluaciones se hacen presentes los padres, familias, adultos o comunidades, y en indagar los modos en que las familias y sus vínculos con la tecnología son recortados y conceptualizados por las evaluaciones.

El presente libro es producto del proyecto de investigación "Reflexiones críticas acerca de las estrategias de evaluación de modelos de inclusión y alfabetización digital Uno a Uno en familias de sectores populares en la región. Los casos de Argentina, México y Uruguay" inscripto dentro del Programa *Hacia un Consenso del Sur* financiado por la Subsecretaría de Políticas Universitarias del Ministerio de Educación de la Nación Argentina.[1] Dentro del contexto arriba descripto, el proyecto se propone apuntar la formación de una Red Latinoamericana para la elaboración de propuestas teóricas, que promuevan una perspectiva comparativa de las distintas experiencias sobre políticas públicas de inclusión digital basadas en modelos Uno a Uno en la región. El objetivo central de la investigación radicó en determinar cómo influyeron los enfoques teóricos y metodológicos utilizados hasta el momento, de forma explícita o implícita, en los diseños de las evaluaciones y el análisis de los resultados. Aunque se planteen objetivos similares y compartan el mismo universo de estudio, distintas evaluaciones pueden arrojar resultados diferentes de acuerdo con los supuestos teóricos y con los enfoques metodológicos que asuman para dar cuenta de la realidad estudiada. Ello a su vez se refleja de manera directa en las recomendaciones hacia los gobiernos e instancias decisorias de la política pública, en la valoración de la situación en un sentido o en otro, y no siempre permite comprender la experiencia de los sujetos concretos involucrados en dichas políticas. En el caso de modelos Uno a Uno, este problema se vuelve particularmente significativo debido a las altas expectativas

---

[1] El proyecto cuenta con la participación del Instituto de Investigaciones en Humanidades y Ciencias Sociales perteneciente a la Facultad de Humanidades y Ciencias de la Educación de la Universidad Nacional de La Plata y el Consejo Nacional de Investigaciones Científicas y Técnicas (CONICET) como institución sede; Departamento de Educación y Comunicación de la Universidad Autónoma Metropolitana de México (UAM) y la Comisión Sectorial de Investigación Científica (CSIC) de la Universidad de la República de Uruguay (UDELAR) como instituciones colaboradoras.

que depositaron los gobiernos respecto al alcance de la inclusión social y educativa, en contraste con ciertas evaluaciones que resultan bastantes críticas en relación con los "resultados" relevados.

En cuanto a las evaluaciones de estas políticas, es importante señalar que muchas de ellas –casi todas– se han implementado con financiamiento provisto por agencias y organismos internacionales, como el Banco Interamericano de Desarrollo o el Banco Mundial. Estas instituciones por lo general fijan lineamientos para la evaluación de las políticas que financian, con modelos y metodologías preestablecidos, que tienden a favorecer enfoques cuantitativos y de tipo experimental o cuasi-experimental, inspirados en las prácticas de las ciencias duras y difícilmente replicables por las ciencias sociales en el ámbito de la educación y las tecnologías. Más allá de esas evaluaciones, por otra parte, se han desarrollado numerosos trabajos académicos. Aquí nos enfocaremos en las evaluaciones encargadas por los propios organismos nacionales que implementan las políticas de inclusión digital aunque se tomarán como antecedentes las evaluaciones realizadas por las agencias y organismos internacionales.

En este libro se vuelcan los resultados de un intenso trabajo de análisis de las principales evaluaciones realizadas sobre los modelos Uno a Uno en Latinoamérica, que ofrece un panorama de la situación del continente apuntando a construir herramientas para lograr consensos académicos acerca de las relaciones entre políticas de inclusión digital, evaluaciones y enfoques metodológicos. Hemos prestando especial atención a los casos del Plan Ceibal de Uruguay y al Programa Conectar Igualdad de Argentina, dado que se trató de las políticas más extensas y ambiciosas que se desarrollaron hasta el momento y que concitaron mayores estudios evaluativos.

El proyecto de investigación se desarrolló en tres fases durante los años 2014 y 2015. La primera fase estuvo abocada a la contextualización y mapeo de los modelos Uno a Uno y sus evaluaciones en Latinoamérica. Para ello se rastrearon sus antecedentes inscriptos en otras políticas de inclusión digital y de incorporación de tecnologías en la educación y descripción y caracterización de las evaluaciones disponibles en Latinoamérica. Luego, durante la segunda fase se procedió a la selección y análisis crítico de un corpus de evaluaciones recortado a los casos pioneros y masivos de Uruguay y Argentina. En paralelo, se realizó un seminario en México donde se intercambiaron reflexiones sobre las experiencias de evaluación de modelos Uno a Uno tomando a investigadores radicados en dicho país en tanto allí se estaba recién implementando una política de estas características. Finalmente, una tercera fase consistió en la formulación de una propuesta de un marco epistémico-teórico-metodológico de evaluación alternativo al dominante.

El libro refleja los hallazgos de dicha investigación y se estructura de la siguiente manera. En la sección primera se vuelcan los resultados del análisis crítico de las evaluaciones de los modelos Uno a Uno en Latinoamérica. El capítulo 1, a cargo de Marina Moguillansky, Magdalena Lemus y Ariel Fontecoba, está dedicado a recuperar los antecedentes de las políticas de inclusión digital, rastrear los modelos evaluativos y principales conclusiones de los estudios encargados por agencias y organismos internacionales y mapear los modelos Uno a Uno implementados en la región, y caracterizar el universo de evaluaciones disponibles. El capítulo 2, de Sebastián Benítez Larghi, y el capítulo 3, a cargo de Jimena Ponce de León y Nicolás Welschinger Lascano, profundizan la reflexión crítica mediante el recorte de un corpus de análisis concentrado en un conjunto significativo de evaluaciones de dos casos paradigmáticos, como la pionera experiencia del Plan Ceibal de Uruguay y el de mayor alcance y masividad como el Programa Conectar Igualdad de la Argentina. La sección segunda consta de dos capítulos escritos por Inés Dussel y Judith Kalman respectivamente. Dichos capítulos son el resultado del seminario de intercambio realizado en México y recuperan el diálogo e intercambio que se produjo en dicho encuentro entre los avances de la investigación que llevaba el equipo en Buenos Aires, y los trabajos de investigación de dichas autoras sobre la temática en México. En su capítulo, Inés Dussel pone a discusión algunos de los supuestos sobre los que se basaron los modelos Uno a Uno en Latinoamérica y, basándose especialmente en las experiencias de Argentina y Uruguay, sugiere que las evaluaciones deben pensarlos en un nuevo escenario tecnológico, político e institucional con nuevas complejidades. En el capítulo de Judith Kalman se examinan algunos de los parámetros de evaluación actuales de los proyectos de inclusión tecnológica en entornos educativos tomando como foco de reflexión la experiencia aún incipiente de México. Finalmente, en las conclusiones, Rosalía Winocur sintetiza un conjunto de propuestas de orden epistemológico y teórico metodológico para el diseño del trabajo de campo y la elaboración de los instrumentos de indagación en la evaluación de políticas públicas de inclusión digital.

Primera sección

Capítulo 1

Contexto de emergencia de los modelos de inclusión digital Uno a Uno en América Latina

MARINA MOGUILLANSKY, ARIEL FONTECOBA Y MAGDALENA LEMUS

Durante las últimas décadas y de la mano de cambios socioeconómicos a nivel global, a partir de los cuales el conocimiento y la información adquirieron un rol clave en los procesos productivos, en América Latina y el Caribe comenzó a ganar fuerza la idea de incorporar dispositivos y herramientas informacionales en el campo de la educación, generalmente a partir de la intervención del Estado (Levis, 2015; Morales, 2015: 28-29). De acuerdo con Morales (2015: 30): "Las instituciones encargadas de la generación, transmisión, procesamiento de la información y el conocimiento (como son las escuelas y universidades) quedan involucradas en estos paradigmas emergentes", y es así como la escuela comienza a ser interrogada en función de las nuevas demandas productivas. En este contexto "la incorporación tecnológica en el campo educativo se presenta como elemento dinamizador de las transformaciones previstas para la escuela" (Morales, 2015: 31) y las presiones sobre los Estados se traducen en la necesidad de desarrollar una fuerza de trabajo acorde con las exigencias de la economía global (Mancebo y Diéguez, 2015). Como señala Dussel (2016) en este libro, las tecnologías digitales aparecen como "llave mágica" capaz de dinamizar procesos modernizadores de las prácticas educativas, generando grandes expectativas sobre su impacto transformador.

En este contexto, se gestaron e implementaron políticas de inclusión digital cada vez más ambiciosas en varios países de América Latina y el Caribe. Con diversos enfoques y perspectivas, estas políticas coincidieron en la importancia otorgada a las tecnologías de información y comunicación para los objetivos del desarrollo, el crecimiento y la inclusión social. En este capítulo, nos ocuparemos de contextualizar la emergencia de los modelos de políticas de inclusión digital actualmente predominantes en la región, esto es, de las políticas de Uno a Uno (una computadora por alumno). En el primer apartado, describimos los principales antecedentes de políticas públicas en la materia durante la década de 1990 en diferentes países de América Latina, presentando a grandes rasgos los modelos, los presupuestos teóricos y los objetivos de las políticas implementadas. En el segundo apartado, nos concentramos en el surgimiento e implementación de los modelos Uno a Uno en América Latina, hacia mediados y fines de la década de 2000. En el tercer apartado, introducimos la perspectiva de los organismos y agencias internacionales acerca de las políticas de inclusión digital, con especial énfasis en sus consideraciones acerca de la evaluación y monitoreo de las mismas. En el cuarto apartado, se presenta un panorama de los diversos casos nacionales, las políticas implementadas y las evaluaciones registradas en esta investigación, con especial énfasis en aquellas que entre sus objetivos buscaron relevar los efectos sobre los hogares de menores recursos.

1. Antecedentes de políticas de inclusión digital: presupuestos y objetivos

Las políticas públicas de incorporación de las tecnologías digitales a la educación comenzaron tímidamente en la década de 1980 y se expandieron hacia mediados de la década de 1990 en América Latina y el Caribe. En sus inicios, estas políticas estuvieron enmarcadas en un gran optimismo bajo la creencia de que las TIC transformarían la educación en forma radical, generando innovación, modernización y mejoramiento de la calidad. Una revisión reciente de Alejandro Artopoulos y Débora Kozak (2012) propone una esquematización de los antecedentes en materia de políticas de inclusión digital y señala la existencia de tres etapas diferenciadas. La primera etapa fue "La era de los laboratorios", en la cual se buscó instalar espacios especiales en las escuelas destinados al uso de computadoras. Este modelo de políticas proveyó con infraestructura a los establecimientos educativos, en algunos casos laboratorios o aulas de computación, y en otros casos centros multimedia o de recursos TIC, generalmente ubicados en el espacio de la biblioteca. Esta etapa tuvo lugar durante la década de 1990 y comienzos de 2000 en la mayor parte de los países de América Latina y el Caribe.

En la Argentina, estas políticas se produjeron en el contexto y en estrecha relación con la reforma educativa que traspasaba las responsabilidades a las provincias, cuyos rasgos tendieron a promover la focalización, la privatización y la descentralización de la educación (Barreyro, 2001). Como ejemplos de este tipo de intervención en Argentina podemos mencionar al "Programa de Mejoramiento de la Enseñanza Media" (PRODYMES II) y el Plan Social Educativo. El Prodymes II comenzó en el año 1996,[1] que tenía amplios objetivos educativos entre los cuales se incorporaba en forma prioritaria la cuestión de la informática en la escuela. En este sentido, el programa buscaba incorporar los recursos informáticos como herramientas pedagógicas

---

1 Contó con financiamiento del Banco Internacional de Reconstrucción y Fomento (BIRF), que aportó el 70 % de los $ 164 millones. El Gobierno nacional aportó el 30 % restante. Una proporción muy alta se destinó a obras de infraestructura y adquisición de bienes, totalizando $ 130 millones. Para que las escuelas pudieran participar, debían asumir compromisos en relación con la aplicación de la Ley de Educación Federal y la firma del Pacto Federal Educativo.

en las escuelas, proveyendo equipos y brindando capacitación a los docentes. Entre las iniciativas desarrolladas, se encaró la transformación de las bibliotecas escolares en Centros de Recursos Multimediales y la instalación de aulas tecnológicas y de laboratorios de informática en las escuelas. La evaluación posterior de estos programas señaló que las capacitaciones desarrolladas encontraron obstáculos y límites, puesto que los docentes que brindaban los cursos eran especialistas en informática pero no lograban proponer estrategias que combinaran los recursos de las TIC con los campos disciplinares de enseñanza (Galarza y Pini, 2003). Por su parte, el "Plan Social Educativo", que funcionó entre 1993 y 1999, consistía en la entrega de libros, computadoras, fotocopiadoras y otros bienes a un grupo de escuelas desfavorecidas. A pesar de estas políticas, un relevamiento realizado en el año 2002 encontró que apenas una de cada diez escuelas tenía computadoras con acceso a Internet (Moyano, 2006).

En Uruguay, el "Programa de Conectividad Educativa" iniciado en el año 2001 incluía la provisión de conectividad para las escuelas y actividades de capacitación docente en los usos educativos de las TIC. Con financiamiento del Banco Interamericano de Desarrollo, esta política permitió conectar a Internet al 25% de los establecimientos educativos del país. Asimismo, se creó un portal educativo, una red de formadores con docentes y se lanzaron concursos de contenidos educativos. Uno de los problemas que encontró esta política fue la falta de equipos de informática y de infraestructura para realizar la conexión a internet.

En México se lanzó en 1997 el Programa Red Escolar desarrollado por el Instituto Latinoamericano de la Comunicación Educativa (ILCE), una organización no gubernamental con presencia en varios países de América Latina y con sede en México (Villatoro y Silva, 2005) y auspiciado por la Secretaría de Educación Pública de México (Artopoulos y Kozak, 2012; Díaz Barriga Arceo, 2014). Este programa tuvo como objetivo propiciar el uso pedagógico de las

TIC en la escuela primaria, para la cual otorgó computadoras y conexión a Internet a distintos establecimientos, a la vez que les brindó a los docentes la posibilidad de realizar capacitaciones virtuales (Villatoro y Silva, 2005). Junto a la informática con fines educativos, Red Escolar hizo énfasis en los usos pedagógicos de la televisión, a través de los servicios provistos por la red de televisión educativa "Red Edusat", desarrollada también por ILCE (Villatoro y Silva, 2005). A su vez, hacia 2001, en el marco del lanzamiento del Sistema Nacional e-México y a partir de convenios entre la Sedesol (Secretaría de Desarrollo Social) y el ITESM (Instituto Tecnológico y de Estudios Superiores de Monterrey), se pusieron en marcha los CCA (Centros Comunitarios de Aprendizaje), que tuvieron como objetivo brindar educación a distancia a las comunidades con menores recursos, en ocasiones también rurales, y así contribuir con la disminución de la brecha digital (Mochi, 2012). En los CCA se llevaron adelante distintos programas de enseñanza de la informática, como el Programa Intel Aprender, patrocinado por la empresa Intel, y el Programa Técnico Informático Comunitario puesto en marcha por la organización civil "Servicios a la Juventud" (Seraj) y orientado a promover el desarrollado de habilidades para el armado y el mantenimiento de equipos (Mochi, 2012). En Brasil se desarrolló el "Programa Nacional de Informática Educativa" (PROINFO) desde el año 1997, que buscaba garantizar la conectividad en las escuelas y la capacitación docente, instalando laboratorios de computación en las escuelas. Este programa fue una iniciativa del Ministerio de Educación, que para su implementación se asoció con gobiernos estatales.

En Chile, la "Red Enlaces" que se inició en el año 1992 tuvo como objetivo integrar las TIC a las escuelas, brindar conectividad y mejorar la capacitación. El eje del programa fue la instalación de laboratorios de computación en las escuelas, para lo cual se equipó a los establecimientos con computadoras de escritorio, pizarras digitales, proyectores y más recientemente, con *notebooks*. El programa también incluía el desarrollo y entrega de *software* educativo y la capacitación de los docentes. La segunda etapa de las políticas, según Artopoulos y Kozak, es "La era de los portales", que se desarrolló a partir de comienzos de la década de 2000. Este paradigma se desplaza desde el *hardware* hacia el *software* y los contenidos, ya que en esta etapa la política se basa en la inclusión de tecnología y contenidos multimedia especiales desde espacios y plataformas virtuales. Los portales educativos, señalan los autores, mantienen la estructura de distribución radial típica de los medios masivos de comunicación. La conectividad a Internet desde la escuela es central para el aprovechamiento de este tipo de plataformas. En el caso de Argentina, se desarrolló el portal Educ.ar en el año 2000, relanzado en el 2003 como portal educativo del Ministerio de Educación de la Nación. Su objetivo es brindar apoyo y materiales didácticos a docentes, directivos y supervisores de instituciones educativas para impulsar la incorporación de TIC en las escuelas y en las prácticas de enseñanza. Desde este portal, se producen contenidos multimedia y se ofrecen actividades de capacitación. Diversos países de América Latina han ido desarrollado sus portales educativos: Chile creó el portal "Educar Chile", inspirado en la experiencia argentina, en el año 2001. México lanzó su portal "Se piensa" en el año 2001, Perú creó el suyo con el nombre de "Huascarán" en 2002 y Colombia se sumó con "Colombia aprende" en el año 2004. Ese mismo año, Uruguay desarrolló "Uruguay Educa". Entre el año 2001 y el 2004 se desarrollaron contactos y negociaciones para crear una red de portales educativos en América Latina, que favoreciera su difusión y buen funcionamiento. En 2004, con el "Acuerdo de Santiago", se presentó la Red Latinoamericana de Portales Educativos (RELPE) durante la primera Reunión de Ministros de Educación sobre Informática Educativa.

La tercera etapa es "La era de los móviles", que se desarrollan hacia fines de la década de 2000 y entrando a la siguiente década. Esta etapa implica un nuevo cambio de paradigma y propone integrar los equipos en el espacio áulico y utilizarlos en las actividades cotidianas de enseñanza, aunque se siga acotando su uso a ciertos momentos específicos. El paradigma de la era de los móviles es el que actualmente impera en América Latina y en el mundo en general. Sin embargo, dentro de esta perspectiva general se distinguen variantes que difieren en el modo de trabajo con los móviles como las aulas en red, los laboratorios móviles, el uso de tabletas digitales y los modelos Uno a Uno de computadoras pequeñas o *netbooks*.

En el siguiente apartado, nos dedicamos a describir con mayor detalle las políticas de inclusión digital de esta etapa, signada por los equipos móviles de uso individual.

En América Latina, como hemos visto, ha predominado un paradigma tecnologicista en el diseño de políticas para la inclusión digital (Rivoir, 2009), basado en la creencia de que la distribución de computadoras en las escuelas y/o hacia los propios estudiantes generará inclusión. Estas ideas atraviesan las diversas etapas de las políticas públicas que hemos revisado hasta aquí. Sin embargo, es importante aclarar que la mención de las etapas no debe llevarnos a concebir un desarrollo uniforme de las políticas de inclusión digital en América Latina. Por el contrario, el panorama es de gran heterogeneidad en el diseño e implementación de políticas de TIC. Como señala María Teresa Lugo (2010), algunos países se encuentran en una etapa inicial de diseño de políticas para incorporar tecnologías en las escuelas (como Guatemala y Paraguay), otro conjunto de países está en una etapa más avanzada en la que se aplican programas piloto con vistas a luego implementar políticas más amplias (como Brasil, El Salvador y Perú), mientras que un grupo más extenso de países está en una etapa de integración, con escuelas que ya cuentan con recursos tecnológicos y en las que se empieza a capacitar a los docentes, integrando las TIC de forma progresiva a las actividades de enseñanza (como Argentina, Uruguay y Chile). Otros matices podrían señalarse, como por ejemplo que Brasil se ha diferenciado por el énfasis que sus políticas tienen en fomentar la inserción de las empresas nacionales como productoras de TIC. Por su parte, México ha desarrollado a partir del año 2013 a través de la Secretaría de Educación Pública (SEP) experiencias piloto del programa Mi Compu en algunas localidades, a través del cual proporciona *netbooks* a estudiantes y maestros de 5to y 6to año de la escuela primaria. Para el caso mexicano, Díaz Barriga Arceo ha sostenido que las distintas iniciativas tendientes a incorporar las TIC en la educación no se han sucedido de forma lineal sino que, por el contrario, lo que se advierte es la coexistencia de diferentes políticas a lo largo del tiempo, como lo son el desarrollo de contenidos digitales y portales educativos, la puesta en marcha de laboratorios de Informática y bibliotecas digitales, y la entrega de computadoras siguiendo el modelo Uno a Uno (Díaz Barriga Arceo, 2014: 22).

2. Los modelos de computadoras Uno a Uno en América Latina

En algunos países de América Latina, sobre las bases de las iniciativas descriptas, pero a la vez asumiendo nuevos paradigmas teóricos y nuevos discursos educativos, hacia la década de 2000 surgen distintas versiones del modelo de inclusión Uno a Uno, que supone como prerrequisito central la necesidad de brindar un dispositivo tecnológico a cada alumno (principalmente computadoras, pero en otros casos tabletas).

Es posible identificar algunos antecedentes directos de las iniciativas Uno a Uno en América Latina en una serie de eventos que tuvieron lugar por la misma época y que llevaron a la consolidación de este modelo en la región (Morales,

2015: 34). Por un lado, en las Cumbres Mundiales de la Sociedad de la Información realizadas en 2003 (Ginebra) y en 2005 (Túnez), ambas con el patrocinio de la UNESCO, se puso de relieve la preocupación en torno a la "brecha digital" y la necesidad de los gobiernos de tomar cartas en el asunto (Mancebo y Diéguez, 2015; Morales, 2015). Con relación a esto, Mancebo y Diéguez (2015) recuperan los aportes de Severín y Capota (2011), quienes sostienen que la problemática de la "brecha digital" ha sido el "principal propulsor o causante de las políticas públicas de introducción de TIC" (Severín y Capota, 2011, citados en Mancebo y Diéguez, 2015: 63) ya que se considera que las habilidades relativas al uso de TIC son un factor que potencialmente puede generar no solo diferencias sino principalmente desigualdades para el ingreso y sostenimiento en el mercado de trabajo. Por otro lado, la presentación en el año 2005 de "One Laptop Per Child" (Una computadora por niño)[2] y la implementación de este programa en distintos lugares a nivel mundial resonó con fuerza en la región latinoamericana. El rápido y extendido desarrollo del modelo Uno a Uno en América Latina ha sido atribuido por Severín y Capota a las potencialidades que se atribuyen a las tecnologías para la mejora de la calidad educativa (Severín y Capota, 2011) en un contexto de aumento de las demandas hacia los sistemas educativos.

En este contexto, a mediados de la primera década de 2000 en distintos países de América Latina se comenzaron a desarrollar programas basados en este modelo, los cuales fueron generalmente implementados a través de los sistemas educativos. Como correlato de la importancia ganada en los últimos años por niños y adolescentes

---

[2] Las primeras experiencias basadas en el modelo Uno a Uno fueron conocidas a nivel mundial como "One Laptop Per Child (OLPC)" y tuvieron lugar en distintas ciudades de Estados Unidos con el objetivo de posibilitar la alfabetización digital de niños y jóvenes y de mejorar los procesos de enseñanza y aprendizaje, acorde con las exigencias de la Sociedad de la Información (Warschauer y Ames, 2010).

para la formulación de políticas públicas (Bracchi y Seoane, 2010), sus destinatarios fueron principalmente estudiantes de escuelas primarias y secundarias.

Cronología de la implementación del modelo Uno a Uno en América Latina[3]

- 2006: Bolivia, Uruguay
- 2007: Perú
- 2008: Venezuela
- 2009: El Salvador, Nicaragua, Paraguay
- 2010: Argentina, Brasil, Chile, Ecuador
- 2012: Costa Rica
- 2013: México

Actualmente, en la región latinoamericana se advierte la existencia de una amplia gama de programas así como de instituciones involucradas en su desarrollo. Sin embargo, un elemento común a todas las políticas analizadas es su implementación en el sector público de la educación. Para la reconstrucción del panorama del modelo Uno a Uno, se han seleccionado las siguientes dimensiones: a) actor institucional y fuente de financiamiento; b) alcance; c) escala; d) nivel educativo, y e) tipo de dispositivo, sistema operativo e infraestructura.

En la mayor parte de las iniciativas que se registran, la implementación ha sido llevada adelante por los Estados nacionales (principalmente), provinciales/regionales o municipales/locales. En menor medida, se han desarrollado experiencias a cargo de ONG, fundaciones o asociaciones civiles, como es el caso de "Una computadora por Niña, Niño y Maestro" en la ciudad de Caacupé (Paraguay) desarrollada por "Paraguay Educa", o de "Una computadora

---

[3] La cronología fue elaborada a partir de las páginas oficiales de los programas, portales de noticias, de los aportes de Marés Serra et al. (2012) y de lo señalado en Morales (2015).

por niño" en Nicaragua, llevada a cabo por la "Fundación Zamora Terán". En otros casos, como el mexicano, coexisten iniciativas privadas como el "Programa de Educación y Cultura Digital TELMEX (Fundación Carlos Slim)" con la implementación piloto del programa Mi Compu basado en el modelo Uno a Uno y llevado adelante por la Secretaría de Educación Pública (Gobierno Federal) en la educación primaria pública a partir de 2013. La mayoría de los programas se ha llevado a cabo a través de financiamiento de agencias internacionales como el BID y, en menor medida, a través del presupuesto nacional de cada país (como en el caso del Programa Conectar Igualdad en Argentina). A su vez, en algunos casos, los Estados nacionales han subsidiado a municipios para que realicen la compra de las computadoras, como el ProUCA en Brasil, y en otros se han entregado directamente los aparatos en el territorio.

En lo relativo al alcance, se puede señalar que algunas de las iniciativas son de tipo universal en el nivel educativo previsto, como es el caso del Plan Ceibal en Uruguay o el Programa Conectar Igualdad en Argentina, que surgieron con el mandato de priorizar la inclusión digital masiva y de enfrentar las desigualdades de acceso. Otras son experiencias focalizadas (por ejemplo, en algún año del nivel primario de la escuela, o en poblaciones urbanas o rurales específicas), como ha sido la experiencia piloto de Mi Compu en 5to y 6to año de las escuelas primarias de los estados de Colima, Sonora y Tabasco en México.

A su vez, los programas se han implementado en escala nacional, regional/provincial o local/municipal y en ámbitos urbanos y/o rurales. Teniendo en cuenta los diversos niveles y ámbitos de implementación, se han registrado situaciones de coexistencia de iniciativas universales implementadas a nivel nacional con otras llevadas a nivel local o provincial, tal es el caso del Programa Conectar Igualdad (a nivel nacional), el Plan Sarmiento (Ciudad Autónoma de Buenos Aires) y Todos los Chicos en la Red (provincia de San Luis) en Argentina.

La mayoría de las políticas se han implementado en la educación primaria o básica, mientras que el Programa Conectar Igualdad de la Argentina es el único que se implementa solo en la escuela secundaria. En algunos casos, como el uruguayo, la entrega de dispositivos ha empezado en la escuela primaria y se ha extendido luego hacia el nivel secundario. A su vez, en Chile, recientemente se han comenzado a desarrollar experiencias Uno a Uno con *tablets* en el nivel inicial. En la mayor parte de los casos, la entrega de equipos ha sido destinada tanto a estudiantes como a docentes. En este sentido, en el caso del Programa Conectar Igualdad, se ha contemplado la provisión de *netbooks* a estudiantes de escuelas de educación especial (destinada a personas con capacidades diferentes) y a instituciones de formación docente (nivel terciario).

Los dispositivos entregados han sido principalmente *netbooks* y, en menos casos, *notebooks*. Dado que la mayor parte de los países que han implementado este tipo de políticas lo han hecho retomando el modelo del programa "Una computadora por niño/OLPC", gran parte de las *netbooks* entregadas son de tipo XO y tienen instalado el sistema operativo "Sugar" (OLPC). En otros casos, como el Programa Conectar Igualdad (Argentina) y Mi Compu (México) las licitaciones contemplaron el diseño y realización de equipos y *software* específicos para cada programa. En México las *netbooks* entregadas en la fase piloto contaban con sistema operativo basado en GNU/Linux, mientras que en Argentina tienen instalado tanto Windows como distintas distribuciones basadas en GNU/Linux (a partir de 2013 los equipos cuentan con el sistema operativo Huayra, basado en el *software* libre, desarrollado localmente y especialmente diseñado para el uso educativo). Recientemente, en algunos países han comenzado a implementarse iniciativas basadas en la entrega de *tablets*, como es el caso del Programa de Inclusión y Alfabetización Digital (PIAD) llevado a cabo desde 2015 por la Secretaría de Educación Pública en

México para 5to año de la escuela primaria, programas para nivel inicial en Chile (desde 2015) y la extensión del Plan Ceibal en Uruguay hacia el nivel secundario.

A su vez, en líneas generales, las experiencias Uno a Uno han provisto –con diferente grado de éxito– de conexión a Internet a las escuelas a las que han llegado, así como de sistemas de redes internas y, en algunos casos, se ha complementado con redes wi fi en espacios públicos como plazas y parques. Asimismo, se ha brindado a docentes de capacitaciones de distinto tipo: presencial o virtual a cargo de los ministerios de educación nacionales y/o provinciales, de instituciones específicas de formación (como es el caso del Instituto Nacional de Formación Docente en Argentina) o de los propios programas, en terreno a través de equipos técnicos y pedagógicos de los programas, y/o a través de instancias organizadas por las propias escuelas (Morales, 2015: 39).

Por último, de acuerdo con Morales, las iniciativas llevadas a cabo en la región se caracterizan por tener distintos objetivos: económicos, a partir de los cuales se "plantea que las TIC y la inversión en capital humano son cruciales para la competitividad económica de la región" (Morales, 2015: 38); sociales, vinculados a la necesidad de "reducir la brecha digital y promover la equidad" (Morales, 2015: 38), y educativos, desde los que se entiende "que las TIC pueden mejorar la calidad de la educación" (Morales, 2015: 38). Más allá de la diversidad presente en las políticas de inclusión digital, así como en los gobiernos y organismos internacionales que las llevan a cabo, las esperanzas con respecto al potencial transformador y emancipador de las tecnologías continúan renovándose. De acuerdo con lo señalado por Dussel en este libro: "Se sigue confiando en las posibilidades de las tecnologías digitales de acercar la cultura a todos de manera fácil y económica, concitar el interés de adultos y jóvenes, descentralizar la circulación de la información e incorporar otros lenguajes y referencias más accesibles" (Dussel, 2016: 159).

3. La perspectiva de los organismos internacionales sobre las políticas de inclusión digital

Desde la década del setenta se desarrolla a nivel mundial, promovidas por los países centrales y los organismos de crédito multilaterales, una serie de acciones tendientes a instalar en la agenda política la cuestión de la Reforma del Estado, en tanto modelo de Nueva Gerencia Pública (NGP) que pretende superar la crisis del Estado central-burocrático de la era dorada del capitalismo. Esta tendencia supone la incorporación de criterios económicos de mercado a la gestión pública como mecanismo de mejora de la eficacia, la eficiencia y la rendición de cuentas ante la ciudadanía.

Es en este contexto que se promueven reformas en la administración pública orientadas por la Gestión para Resultados (GPR). Esta nueva perspectiva sobre la gestión pública implica la fijación de metas claras respecto a los resultados esperados, de manera tal que sea factible comprobar que se han logrado los cambios propuestos, según la "teoría del cambio" subyacente. En tal sentido, toda intervención pública debe ser diseñada sobre la base de un conjunto de hipótesis que la sustentan y que describen en términos de causalidad cómo se producirán los resultados: las condiciones, supuestos, riesgos y secuencia de eventos que conducen a los resultados o "cadena de resultados". De este modo, los administradores de programas públicos monitorean y evalúan las acciones de gobierno tratando de cuantificar los resultados obtenidos a través de indicadores de desempeño. Es el requisito para estar en condiciones tanto de informar y rendir cuentas sobre los resultados obtenidos como de capitalizar experiencias que permitan orientar las decisiones sobre políticas futuras.

La medición regular de los resultados constituye, en este enfoque, la base para la realización de ajustes en las intervenciones públicas que maximicen sus productos y efectos, así como la formulación de políticas públicas basadas en "evidencias". En este marco, la evaluación emerge como un conjunto de herramientas que se podrán utilizar para verificar y mejorar la efectividad de las intervenciones en diferentes etapas de la implementación, así como servir de base para la formulación de nuevas políticas y programas públicos que incrementen su eficacia, eficiencia y sostenibilidad. Como afirma Dussel, citando a Strathern, "la evaluación no es un momento posterior o exterior a las políticas; es, cada vez más, una forma en que se organiza la sociedad, por ejemplo a través de la ética de la transparencia y de la exigencia de la rendición de cuentas" (Dussel, 2016: 161).

Esta nueva visión sobre la gestión pública y los criterios que orientan su monitoreo y evaluación tienen como uno de sus agentes centrales de promoción a los organismos multilaterales de crédito, que condicionan los programas de financiamiento que otorgan a los países soberanos al diseño de políticas formuladas sobre estos principios. Un interrogante que emerge en este contexto es cuáles han sido los enfoques teórico-metodológicos empleados en las evaluaciones de los modelos Uno a Uno en la región por parte de los organismos internacionales, y en qué medida estos organismos internacionales fijan el "modelo evaluativo" a seguir para estas políticas. Siguiendo a Dussel (2016), estas perspectivas sobre la evaluación de políticas vuelven medibles y predecibles a los modelos Uno a Uno en términos de indicadores costo-beneficio, entrañando un riesgo de reducción a diseños metodológicos que se muestran como reflejo claro y evidente de la realidad que abordan, por lo que requieren una mirada epistemológica atenta, que dé cuenta de sus posibilidades y limitaciones. Para analizarlo, se presentarán algunos estudios relevantes sobre la materia, organizados en función de los tipos de evaluación propuestos, los objetivos evaluativos priorizados, la metodología empleada y los indicadores seleccionados en cada estudio.

En relación con los tipos de evaluación en materia de modelos Uno a Uno, existe un primer grupo de estudios realizados bajo la órbita de la Comisión Económica para América Latina (CEPAL). En estos trabajos se señala que, comparada con las tendencias internacionales, en América Latina predominan acciones relacionadas con una primera fase de evolución de políticas, basada en la provisión de infraestructura en las escuelas y la capacitación de docentes en el uso de tecnologías digitales (Sunkel y Trucco, 2010). En tal sentido, se propone una evaluación multidimensional de las políticas TIC en educación, analizando el acceso, los usos, contenidos, apropiación y gestión desde la equidad, calidad y eficiencia (Sunkel, Trucco y Espejo, 2013). También se propone el uso del concepto de "buenas prácticas": una práctica "buena" sería aquella que resulta efectiva en lograr los objetivos educativos definidos como prioritarios en su contexto. Se trata de un concepto relativo a los objetivos educativos fijados por cada país, lo que implica en primer lugar un juicio sobre los objetivos prioritarios/deseables en el contexto de cada sociedad. Por lo tanto, sería difícil y riesgoso generalizar objetivos para toda la región, dada su realidad heterogénea (Sunkel y Trucco, 2012).

Los estudios promovidos por el Banco Interamericano de Desarrollo (BID) marcan, al igual que los anteriores, que al tratarse de una "etapa pionera" en la implementación de los programas, el monitoreo y evaluación resultan fundamentales como fuente de conocimiento sobre las mejores condiciones de implementación y los impactos esperados. De esta forma, se requieren estudios de implementación que midan factibilidad y fidelidad a lo planificado, dado que permiten comprender los resultados e impactos posteriores

(Severin y Capota 2011). Según este análisis, se debe considerar que los aspectos a evaluar de un programa están directamente asociados al grado de maduración en el desarrollo de este: tanto los mecanismos de evaluación implementados como los indicadores utilizados deben ser pertinentes para cada una de las etapas (pre, intra o post), fijando las expectativas en relación con los impactos esperables en cada momento del ciclo del programa o proyecto de intervención. En este sentido, sería posible consolidar un proceso intencional de aprendizaje y mejoramiento continuo que permita que las nuevas iniciativas sean más eficientes y efectivas (Severin, Peirano y Falck, 2012).

En una línea similar, la Organización de Estados Iberoamericanos (OEI) define la evaluación como un medio óptimo para conocer la calidad de las políticas implementadas y la posibilidad de introducir modificaciones que mejoren los resultados. Tanto los gestores de políticas públicas como los equipos de educadores podrán informarse sobre los efectos de las intervenciones en relación con la promoción del uso de las TIC en las escuelas (OEI, 2011).

Un estudio del Banco Mundial alerta sobre la poca atención que recibe el monitoreo y la evaluación durante el proceso de diseño de los programas. Como consecuencia de esta falencia, existen pocas evaluaciones comparativas internacionales sobre los impactos del uso de las TIC en educación (Trucano, 2005).

Con respecto a los objetivos evaluativos, los trabajos promovidos por la CEPAL definen objetivos en tres esferas: i) calidad: mejorar el aprendizaje de los estudiantes y la adquisición de "competencias TIC y para el siglo XXI"; ii) eficiencia: mejor gestión de recursos financieros, humanos y de información y disminución del rezago, deserción y repetición escolar; y iii) equidad: mejor distribución social de los resultados educativos, ampliando la cobertura secundaria y atendiendo necesidades especiales de grupos minoritarios o vulnerables (Sunkel, Trucco y Espejo, 2013). En tanto que, para los países que cuentan con políticas formuladas, las metas incluyen: a) mejorar el desarrollo profesional docente; b) mejorar la gestión escolar; c) mejorar el aprendizaje de alumnos; d) innovación y cambio en la enseñanza y el aprendizaje escolar (Sunkel y Trucco, 2010).

En este plano, los estudios del BID señalan que los programas no definen aun claramente sus metas, lo cual dificulta el monitoreo y la evaluación. Según estos trabajos, falta alinear los objetivos de los programas con los logros a ser evaluados, de manera que se puedan conducir evaluaciones que den evidencias concluyentes sobre los impactos (Severin y Capota, 2011). En igual sentido, el estudio del Banco Mundial señala la falta de herramientas y metodologías de monitoreo y evaluación sobre el uso de TIC en colegios y su impacto en la enseñanza y aprendizaje (Trucano, 2005). La disponibilidad de un marco común y un set de indicadores permitiría avanzar en tres áreas sustanciales: a) disponer de un sistema de monitoreo y control del avance de las iniciativas de educación y tecnología; b) contar con información que permita realizar evaluaciones de impacto; y c) poder conocer el nivel de desarrollo relativo de los países, al obtener información comparable entre ellos (Severin, Peirano y Falck, 2012).

Por su parte, la OEI destaca la importancia de los objetivos asociados a la "inclusión digital", designando con este término el acceso de todas las personas a las redes de comunicación e información virtuales. Asimismo, se destacan los logros vinculados a la articulación entre información, formación y reflexión, cuando estos se utilizan como herramientas de comunicación entre las personas (OEI, 2011).

En cuanto a la metodología de evaluación desde los trabajos editados por el BID se señala la falta de compromiso para medir impactos por medio de estudios experimentales y cuasi-experimentales rigurosos, lo cual permitiría obtener evidencias empíricas sobre resultados y efectos, informando la toma de decisiones políticas (Severin y Capota, 2010). En este marco, la evaluación de impacto "se refiere a la identificación de los efectos, positivos o negativos, generados por determinado programa en los individuos que participan de este, en comparación con quienes no participan" (Severin, Peirano, Falck, 2012: 7), señalando la preferencia por evaluaciones basadas en metodologías cuasi-experimentales. En el mismo sentido, el estudio del Banco Mundial alerta sobre sesgos producto de la ausencia de "grupos de control" en las evaluaciones, así como de "evaluadores independientes" (Trucano, 2005).

Por su parte, desde la CEPAL se cuestiona la efectividad de los estudios a gran escala, basados en pruebas nacionales e internacionales, dado que no permiten aislar el efecto neto del uso de las TIC en educación (Sunkel y Trucco, 2010). Se propone, en cambio, el seguimiento del progreso de las políticas comparando los componentes de las políticas de integración de las TIC en educación (acceso, usos, contenidos, apropiación y gestión) con las finalidades (dimensiones de calidad, eficiencia y equidad) de la política. Dicha comparación permitirá la identificación de brechas, en tanto medida de aproximación a las metas de los programas (Sunkel, Trucco y Espejo, 2013). En relación con la identificación de buenas prácticas, se refiere a dos modelos: i) el normativo, que promueven los organismos internacionales para dar lineamientos de políticas a los distintos países; y ii) el empírico, que surge de estudios de casos, en los que se busca replicar las condiciones en las cuales una práctica de incorporación de las TIC en educación ha funcionado "exitosamente" (Sunkel y Trucco, 2012).

Finalmente, en relación con los indicadores considerados relevantes para la evaluación de los modelos Uno a Uno, los estudios de la CEPAL, la OEI y el Banco Mundial observan la falta de indicadores armonizados en América Latina que permitan comparar experiencias. En este punto, predominan indicadores sobre acceso e infraestructura, dada su facilidad de recolección (Sunkel y Trucco, 2010; OEI, 2011; Trucano, 2005). Se sostiene que se debería poner énfasis en el desarrollo de indicadores que permitan medir impactos en la calidad educativa, la eficiencia de los sistemas educativos y el impacto social de las TIC: indicadores de acceso, usos, apropiación y resultados que permitan evaluar la reducción de las brechas (Sunkel, Trucco y Espejo, 2013). En esta línea, Katzman afirma la necesidad del uso de indicadores multidimensionales de la brecha digital (Katzman, 2010). Por su parte, Sunkel destaca los avances hechos en algunas propuestas puntuales: propuesta de indicadores UIS (UNESCO), encuestas de hogares, estudio Pisa de la OCDE, propuesta de indicadores del Grupo de Trabajo CEA-Osilac, monitoreo de metas de la eLAC 2007 (Sunkel, 2009).

En cuanto a la visión del BID, Severin y Capota (2011) indican la importancia de medir impactos económicos, sociales y educativos, tanto en el corto como en el mediano y largo plazo. En este terreno, se han propuesto indicadores como: i) impacto económico: empleabilidad, ingresos, desempeño y carrera de las personas (mediano y largo plazo); calidad productiva y rentabilidad de las empresas (mediano y largo plazo); ii) impacto social: acceso a bienes, servicios, información y comunicación (corto plazo); movilidad, cohesión y participación social (largo plazo); iii) impacto educativo: expectativas, motivación y participación escolar (corto y mediano plazo); matrícula, asistencia, promoción y graduación escolar (mediano plazo); destrezas y competencias (corto, mediano y largo plazo). En tal sentido, se han desarrollado propuestas de indicadores de procesos, que miden avances en infraestructura, contenidos, recursos humanos, gestión y políticas; e indicadores de impactos, que miden avances en prácticas educativas, involucramiento, aprendizajes, habilidades y competencias (Severin, Peirano y Falck, 2012). También existen propuestas de indicadores, como la de la OEI, que contemplan su implementación en dimensiones como políticas públicas, escuelas y alumnos (OEI, 2011).

4. Las evaluaciones realizadas en América Latina: casos seleccionados

En este apartado presentamos un panorama de las políticas de inclusión digital desarrolladas en los últimos años en diversos países de la región y de las evaluaciones realizadas sobre cada una de estas iniciativas. Como veremos, existe una gran variedad de situaciones en cuanto al diseño de las políticas y también en cuanto a la existencia o no de evaluaciones sistemáticas. Las políticas de inclusión digital implementadas en la región, en la mayor parte de los casos, han sido acompañadas de algún tipo de evaluación y monitoreo, con diferentes grados de profundidad, periodicidad y con diversos enfoques. Las evaluaciones realizadas han sido en algunos casos previstas desde el propio diseño de las políticas –e incluso fomentadas y/o financiadas por los organismos internacionales que contribuyeron a su desarrollo– aunque no siempre estas fueron integradas en la revisión de los procesos de implementación o mejoramiento de dichas políticas.

En la siguiente tabla, se describen sintéticamente las políticas de inclusión digital más recientes y las evaluaciones que registramos para cada una de ellas.

País	Política de inclusión digital	Evaluaciones
Argentina	Programa Conectar Igualdad (PCI) **Inicio:** 2010 hasta 2015, en la actualidad no se cuenta con información sobre la continuidad del programa. **Nivel:** secundario, escuelas especiales e Institutos de Formación Docente **Alcance:** universal en el sector público **Tipo:** Uno a Uno **Dispositivos:** *netbooks*, se entregaron 5 millones de unidades (hasta finales de 2015)	**Cantidad relevada:** 18 trabajos **Actores involucrados:** Educ.ar, universidades nacionales (en convenio con el PCI) e investigaciones académicas **Metodologías:** combinación de cuantitativas y cualitativas. Las universidades realizaron principalmente estudios de caso o regionales
Brasil	Um computador por Aluno (ProUCA) **Inicio:** 2007 **Nivel:** enseñanza fundamental y media del sector público **Alcance:** piloto, no se implementó el programa completo, sector público **Tipo:** Uno a Uno **Dispositivos:** *netbooks*	**Cantidad relevada:** 3 evaluaciones oficiales (realizadas o encargados por el Poder Ejecutivo y Legislativo) y 23 ponencias académicas **Actores involucrados:** Poder Ejecutivo y Legislativo, equipos de investigación académica **Metodologías:** El trabajo de mayor magnitud fue encargado por el Congreso. Se combinan metodologías cualitativas y cuantitativas. Varios estudios de caso

Chile	Enlaces **Inicio:** 1992 y continúa **Nivel:** enseñanza básica, media, educación de adultos y especial **Alcance:** sector público, focalizado en áreas rurales y urbanas vía convocatoria a escuelas (concurso) **Tipo:** provisión de equipamiento e Internet para escuelas **Dispositivos:** computadoras para escuelas (salas de computación, laboratorios móviles en las aulas), pizarras interactivas	**Cantidad relevada:** 6 trabajos de evaluación **Actores involucrados:** área de evaluación del programa Enlaces, universidades nacionales y el Ministerio de Educación **Metodologías:** cuantitativa y también combinación de estrategias cuantitativas y cualitativas. El enfoque predominante fue la medición de competencias por parte de los estudiantes. Se analizan el impacto y la eficiencia del uso de recursos
Colombia	Computadores para educar **Inicio:** 2000 y continúa **Nivel:** todos los niveles educativos **Alcance:** sector público, focalizado escuelas, casas de la cultura y bibliotecas. Se hicieron experiencias pilotos con el modelo Uno a Uno en escuelas secundarias **Tipo:** provisión de equipamiento e Internet para establecimientos **Dispositivos:** computadoras y laboratorios de Informática Tabletas para educar **Inicio:** desde 2014 **Alcance:** sector público, focalizado a través de convocatoria a escuelas (concurso) **Tipo:** Uno a Uno **Dispositivo:** tabletas, el Estado Nacional adquirió 335.000 tabletas	**Cantidad relevada:** 1 evaluación **Actores involucrados:** equipo de investigación por solicitud del programa **Metodología:** cuantitativa, análisis del impacto de "Computadores para educar" a través de los alcances educativos de los alumnos en pruebas estandarizadas

Costa Rica	Conectándonos **Inicio:** 2012 **Nivel:** escuelas primarias **Alcance:** sector público, focalizado por regiones y en escuelas **Tipo:** en los primeros años de escolaridad se comparte la computadora y en los últimos modelo Uno a Uno **Dispositivo:** *netbooks* y tabletas	No se encontraron evaluaciones
Ecuador	Mi Compu **Inicio:** 2010 **Nivel:** escuelas primarias **Alcance:** sector público, focalizado, fase piloto **Tipo:** no se cuenta con datos **Dispositivo:** no se cuenta con datos	No se registraron evaluaciones
México	Mi Compu Inclusión y Alfabetización digital (IAD) **Inicio:** desde 2013 **Nivel:** escuelas primarias, sector público **Alcance:** focalizado, en fase piloto **Dispositivo:** *netbooks* y tabletas	No se realizaron las evaluaciones previstas
Perú	Una laptop por niño **Período:** inicio 2007, finalización 2012 **Nivel:** escuelas primarias y secundarias **Alcance:** sector público **Tipo:** Uno a Uno **Dispositivo:** *notebooks*	**Cantidad relevada:** 3 **Actores involucrados:** RELPE-OEI[4] y Ministerio de Educación **Metodologías:** cualitativas y cuantitativas

---

[4] Red Latinoamericana de Portales Educativos (RELPE) de la Organización de Estados Iberoamericanos (OEI).

Uruguay	Ceibal **Inicio:** desde 2006 y continúa **Nivel:** escuelas primarias y en expansión a secundarias **Alcance:** sector público, universal **Tipo:** Uno a Uno **Dispositivo:** netbooks	**Cantidad relevada:** 15 evaluaciones **Actores involucrados:** área de evaluación del Ceibal, PNUD, universidades nacionales, equipos de investigación (concursos) **Metodologías:** se hicieron estudios de la fase piloto, luego evaluaciones más extensas del programa en su conjunto, estudios de buenas prácticas, análisis del impacto comunitario. Se combinan metodologías. Se han implementado sistemas de monitoreo continuo.
Venezuela	Proyecto Canaima Educativo **Inicio:** desde 2008 **Nivel:** escuelas primarias **Alcance:** sector público, universal, proyección de entrega 3.500.000 unidades **Tipo:** Uno a Uno **Dispositivo:** computadoras portátiles	**Cantidad relevada:** 1 **Actores involucrados:** Centro Nacional de Tecnologías De Información (CNTI) **Metodologías:** combinación de cualitativas y cuantitativas

En principio, es relevante observar que en la región hay una gran diversidad de situaciones en cuanto a las políticas de inclusión digital a través del acceso a tecnologías digitales en las escuelas. Los casos de políticas que actualmente siguen el modelo Uno a Uno son Argentina, Costa Rica, México, Perú y Uruguay, mientras que en el resto de los países se encuentran implementando experiencias piloto como en Brasil, programas parciales como en Ecuador, El Salvador, Colombia y Venezuela. Un aspecto común a todos los programas relevados es que se implementan en el sector público de la educación. La mayoría de las políticas se han dirigido a las escuelas primarias y en algunos casos, en una etapa posterior, se han expandido hacia el nivel secundario (como el Programa Ceibal, en Uruguay). El Programa Conectar Igualdad de la Argentina es el único que se implementa solo en la escuela secundaria y es el más extenso de los programas relevados en cuanto a la cantidad de computadoras entregadas. Con respecto al tipo de dispositivo tecnológico que se emplea, casi todos los programas entregan computadoras personales portátiles ligeras (*netbooks*), mientras que algunos programas han comenzado en los últimos años (2014, 2015) una transición hacia las tabletas (dispositivos táctiles y portátiles más livianos), como en el caso de los programas de Colombia y Uruguay.

En lo que respecta a las evaluaciones, de nuevo se observa una gran heterogeneidad de situaciones, en un escenario que parece responder a lo que Dussel (2016) llama "repertorios locales de evaluación", en donde las apreciaciones respecto de los programas y políticas son diferenciadas en relación con los patrones de valoración predominantes en cada sociedad sobre el sistema educativo. En algunos países, como en Uruguay y Argentina, se han desarrollado una gran cantidad de estudios evaluativos por parte de los organismos oficiales de implementación, con apoyo técnico y financiero. En el caso de México, por el contrario, si bien se había previsto una evaluación en profundidad de las políticas de inclusión digital, al menos hasta 2015 no se conocían evaluaciones de acceso público sobre el programa.

Los estudios relevados combinan las metodologías cuantitativas y cualitativas, con un gran despliegue de diversas técnicas de producción y registro de datos, que incluyen entrevistas, encuestas, observaciones directas, análisis de fuentes documentales, informantes clave, grupos focales, producciones audiovisuales, entre otras. Los actores incluidos e interpelados en las evaluaciones como protagonistas de estas políticas varían mucho en cada caso (estudiantes, docentes, personal técnico, madres/padres, personal administrativo y de gestión, políticos/as, etc.) pero resulta llamativo que en casi ninguna evaluación se ha buscado, o logrado incluir de forma sistemática la perspectiva ampliada de la familia y de la comunidad. En cuanto al enfoque de las evaluaciones, se destaca la prevalencia de la idea de medición del impacto como norte de los trabajos registrados y el objetivo de analizar la eficiencia y eficacia de las políticas en términos de sus objetivos. En relación con esto, retomamos las contribuciones realizadas por Dussel (2016) en este volumen, quien propone desarrollar estudios que transciendan la medición de logros en función de accesos y frecuencias de usos y "ayuden a entender las modalidades de funcionamiento actuales y las múltiples dimensiones que involucran, que van más allá de los dispositivos" (Dussel, 2016: 161).

5. Consideraciones finales

La implementación de políticas públicas tendientes a incorporar las tecnologías digitales en la educación formal viene recorriendo un largo camino en América Latina. Transformaciones en los modos de producir a nivel global y la demanda de nuevas calificaciones en la fuerza de trabajo fueron traducidas, entre otras formas, en novedosas exigencias hacia los Estados y sus sistemas educativos. A lo largo de este capítulo, hemos presentado los distintos momentos que han marcado el desarrollo de estrategias de inclusión de tecnologías en las escuelas, sucediéndose "La era de los laboratorios", "La era de los portales" hasta llegar a "La era de los móviles" (Artopoulos y Kozak, 2012).

Como hemos visto, en la última década, el proceso de inclusión de estas tecnologías en las aulas ha cobrado mayor fuerza, dando como resultado el desarrollo de programas basados en el modelo Uno a Uno en varios países de la región. Si bien las distintas iniciativas han sido cercanas en sus objetivos programáticos, encontramos una gran heterogeneidad en lo relativo a los alcances, las modalidades de implementación, los actores involucrados en el desarrollo de la política, las etapas en las que se encuentra actualmente cada programa, así como en los procesos de evaluación llevados adelante. Este último aspecto, las evaluaciones, ha sido especialmente sensible a las perspectivas y criterios para el monitoreo y evaluación de políticas públicas que han cobrado fuerza en la gestión pública en las últimas décadas. En el caso de las iniciativas de provisión de tecnologías, hemos destacado los lineamientos de diversos organismos internacionales (particularmente la CEPAL, el BID y la OEI) y su influjo en el desarrollo de estrategias para analizar los diversos programas. Por último, encontramos también heterogeneidad en las modalidades de las evaluaciones, aunque con un marcado predominio de enfoques cuantitativos, así como su periodicidad y los actores institucionales involucrados.

Bibliografía

Artopoulos, A. y Kozak, D. (2012). "Tsunami 1:1: estilos de adopción de tecnología en la educación latinoamericana". En *Revista Iberoamericana de Ciencia, Tecnología y Sociedad*, 6, 137-171.

Bracchi, C. y Seoane, V. (2010). "Nuevas juventudes, socialización y escolarización: perspectivas de la investigación socioeducativa". En *Revista Archivos de Ciencias de Ciencias de la Educación*, 67-86.

Díaz Barriga Arceo, F. (2014). *Las políticas TIC en los sistemas educativos de América Latina: caso México*. Buenos Aires: UNICEF.

Dussel, I. (2016). "Perspectivas, tensiones y límites en la evaluación de las políticas Uno a Uno en América Latina". En Benítez Larghi, S y R. Winocur (coord.). *Inclusión digital. Una mirada crítica sobre la evaluación del Modelo Uno a Uno en Latinoamérica*, pp. 145-166.

Galarza, D. y Pini, M. (2003). *Gestión pública, educación e informática: el caso del PRODYMES II*. Ministerio de Educación, Ciencia y Tecnología, Dirección Nacional de Información y Evaluación de la Calidad Educativa, mimeo.

Kaztman, R. (2010). *Impacto social de la incorporación de las nuevas tecnologías de información y comunicación en el sistema educativo*. Serie Políticas Sociales. CEPAL. ONU. Santiago de Chile. Chile.

Levis, D. (2015). Prólogo. En S. Lago Martínez (coord.). *De tecnologías digitales, educación formal y políticas públicas. Aportes al debate* (9-13). Buenos Aires: Teseo.

Lugo, M. T. (2010). "Las políticas de TIC en la educación de América Latina. Tendencias y experiencias". En *Revista Fuentes* (Número Monográfico Evaluación de Políticas Educativas), 10, 52-68.

Mancebo, P. y Diéguez, S. (2015). "Inclusión digital y ciudadanía en el nuevo orden capitalista: el Programa Conectar Igualdad en perspectiva". En S. Lago Martínez (coord.). *De tecnologías digitales, educación formal y políticas públicas. Aportes al debate* (53-82). Buenos Aires: Teseo.

Marés Serra, L.; Pomiés, P.; Sagol, C. y Zapata, C. (2012). *Panorama regional de estrategias Uno a Uno: América Latina + el caso de Argentina*. Buenos Aires: Ministerio de Educación de la Nación.

Mochi, P. (2012). "Programas para la inclusión digital y la concertación de actores en procesos de desarrollo territorial". En *Polis*, 8, 177-212.

Morales, Susana (2015). "La apropiación tecno-mediática: acciones y desafíos de las políticas públicas en educación". En S. Lago Martínez (coord.). *De tecnologías digitales, educación formal y políticas públicas. Aportes al debate* (27-52). Buenos Aires: Teseo.

Moyano, Re. (2006). "El equipamiento tecnológico de las escuelas". En R. Cabello (coord.). *Yo con la computadora no tengo nada que ver. Un estudio de las relaciones entre los maestros y las tecnologías informáticas en la enseñanza*. Los polvorines: UNGS/Prometeo.

OEI (2011). *La integración de las TIC en la escuela. Indicadores cualitativos y metodología de investigación*. Organización de Estados Iberoamericanos para la Educación, la Ciencia y la Cultura y Fundación Telefónica.

Severin, E. y Capota, C. (2011). *Modelos Uno a Uno en América Latina y el Caribe. Panorama y perspectivas*. División de Educación. Notas Técnicas. BID.

Severin, E.; Peirano, C. y Falck, D. (2012). *Guía básica para la evaluación de proyectos. Tecnologías para la Educación*. División de Educación. Notas Técnicas. BID.

Sunkel, G. (2009). *Avances y desafíos en el desarrollo y uso de indicadores TIC en educación*. Presentación. CEPAL.

Sunkel, G.; Trucco, D. y Espejo, A. (2013). *La integración de las tecnologías digitales en las escuelas de América Latina y el Caribe. Una mirada multidimensional*. CEPAL. ONU. Santiago de Chile. Chile.

Sunkel, G. y Trucco, D. (eds.) (2012). *Las tecnologías digitales frente a los desafíos de una educación inclusiva en América Latina. Algunos casos de buenas prácticas*. CEPAL. ONU. Santiago de Chile. Chile.

Sunkel, G. y Trucco, D. (2010). *Nuevas tecnologías de la información y la comunicación para la educación en América Latina: riesgos y oportunidades*. Serie Políticas Sociales. CEPAL. ONU. Santiago de Chile. Chile.

Trucano, M. (2005). *Knowledge Maps: ICT in Education*. Washington, DC: infoDev/World Bank.

Villatoro, P. y Silva, A. (2005). *Estrategias, programas y experiencias de superación de la brecha digital y universalización del acceso a las nuevas tecnologías de información y comunicación (TIC). Un panorama regional*. Santiago de Chile. CEPAL. Serie Políticas Sociales, núm. 101.

Warschauer, M. y Ames, M. (2010). "Can One Laptop Per Child save world's poor?". En *Journal of International Affairs*, *64*. Disponible en goo.gl/QKXguK (consulta realizada el 09/03/2015).

Capítulo 2

Las evaluaciones del Programa Conectar Igualdad: actores, estrategias y métodos

JIMENA PONCE DE LEÓN Y NICOLÁS WELSCHINGER LASCANO

1. Introducción

En este capítulo abordamos las evaluaciones realizadas en el marco del Programa Conectar Igualdad. En su gran mayoría solicitadas desde el propio Ministerio de Educación de la Nación, estos trabajos han adoptado terminologías y dinámicas propias de la gestión, en consonancia con el "repertorio local de evaluación" (Dussel, en este mismo volumen), así como también se apoyaron en desarrollos académicos previos. Por esta razón, el objeto de todas las evaluaciones relevadas estuvo dado por el relevamiento del impacto de las *netbooks* en las aulas y hogares. En todos los casos se generaron estudios de corte cualitativo, señalando su potencialidad como herramienta para visibilizar las voces de los protagonistas: los estudiantes, sus familias, los docentes, técnicos y directivos.

La articulación entre los espacios de producción académicos y gubernamentales ha sido recíprocamente productiva: mientras que los académicos sacaron provecho de terminologías extendidas en el campo gubernamental –como por ejemplo la noción de *impacto*–, en el otro sentido, las experiencias académicas previas y recorridos de investigación más vastos que los que imponía los límites de una evaluación fueron agregados fundamentalmente para tomar decisiones desde el campo gubernamental.

En general los trabajos evaluativos reflejan especialmente las contradicciones, las dificultades y las falencias encontradas en el proceso de implementación del programa. Exploramos, entonces, los caminos elegidos por los evaluadores y sus lecturas sobre los usos y apropiaciones de las *netbooks* entre la comunidad educativa de todos los colegios estatales, públicos del país.

Entre los casos más relevantes en la región, el Programa Conectar Igualdad de Argentina se destaca, hasta el momento, por su carácter masivo y extendido en términos de volumen de población alcanzado. El Programa Conectar Igualdad (en adelante, PCI) es una política pública de inclusión digital basada en la modalidad Uno a Uno (una computadora, un niño) para la incorporación de las TIC en la educación. El PCI ha sido implementado, desde fines del año 2010, conjuntamente por los Ministerios de Educación y de Planificación, la Jefatura de Gabinete y la Administración Nacional de Servicios de Seguridad Social (ANSES). Hasta 2015, el PCI completó la distribución de más de cinco millones trescientos mil *netbooks* entre estudiantes, docentes de colegios secundarios públicos e institutos de formación docente de todo el país.

Las evaluaciones del PCI encontradas son alrededor de diecisiete –aunque constantemente siguen publicándose nuevos estudios–.[1] En la mayoría de los casos se trata de estudios oficiales, ya que el propio programa disponía de un equipo de Evaluación y Seguimiento desde su lanzamiento. En principio, no se observa una injerencia directa de organismos o corporaciones internacionales en la evaluación. En este sentido, el discurso producido también busca distanciarse de tales

---

1 La elección de cada material que ha sido trabajo para la investigación se basó en el aspecto enriquecedor en cuanto al trabajo de campo realizado, los datos ofrecidos (estadísticas, testimonios de docentes y de estudiantes, percepciones de los jóvenes y de sus familias), así como también en las metodologías llevadas a cabo.

instituciones, propiciando las bases de legitimidad para una política local (Dussel, en este mismo volumen). Sí cumplen un rol protagónico las universidades públicas: el PCI firmó convenios con un grupo variado de estas instituciones en 2010 y 2013, con el objetivo de producir una serie de evaluaciones sobre el proceso de implementación del programa.

La presencia de un equipo de evaluación relativamente estable y de convenios periódicos con universidades públicas garantiza cierta periodicidad en los estudios. Sin embargo, estos no resultan sistemáticos. Por ejemplo, durante el año 2011 se desarrolló la línea de base, pero hasta el momento no se han publicado nuevos resultados que permitan la comparación. A su vez, la falta de sistematicidad se refleja en estrategias teórico-metodológicas diversas. Asimismo, el PCI no ha publicado sus informes realizados durante 2011 y 2012.

Los informes relevados pueden clasificarse en tres tipos, según su alcance: un primer tipo de trabajos, generales y concentrados en el PCI en tanto política pública; un segundo, organizado por jurisdicción y centrados en una provincia en particular; y un tercer tipo, estudios territoriales focalizados en determinadas escuelas. También pueden distinguirse los estudios según el establecimiento educativo: colegio secundario, Institutos de Formación Docente (INFOD), Educación Especial, Colegios Técnicos.

De las evaluaciones revisadas, este capítulo distingue un corpus de cinco trabajos, con la intención de realizar un análisis detallado de sus perspectivas epistemológicas, teóricas y metodológicas poniendo especial énfasis en los modos en que son concebidos y abordados por las familias y las comunidades alcanzadas por el PCI.

Año	Título	Autor/es	Instituciones intervinientes	Objetivos	Metodología
2011	El "Informe de Avance de Resultados 2010"	AA.VV.	Ministerio de Educación de la Nación	Relevar la incorporación de la *netbook* a las escuelas, y llegada a las familias	Metodología cualitativa y cuantitativa
2011	Informe Ejecutivo IV. Marco teórico y propuesta de evaluación del impacto del modelo Uno a Uno en los grupos familiares	AA.VV.	Universidad Nacional de Tres de Febrero. ANSES, Educ.ar y Organización de Estados Iberoamericanos (OEI)	Busca "medir" el impacto del PCI en los grupos familiares, entendiéndolos como una extensión del núcleo beneficiario (los alumnos)	Metodología cualitativa
2012	Historias Uno a Uno: imágenes y testimonios de Conectar Igualdad	PCI – Ariana Vacchieri y Luciana Castagnino	Ministerio de Educación de la Nación. Portal *Educ.ar*	"Relevar" el *"impacto"* de la llegada del PCI en las "voces" de los agentes escolares tanto como de las familias de las diez escuelas seleccionadas	Metodología cualitativa

| 2015 | "Cambios y continuidades en la escuela secundaria: la universidad pública conectando miradas. Estudios evaluativos sobre el Programa Conectar Igualdad. Segunda etapa" | AA.VV. – 15 Universidades Nacionales | Ministerio de Educación de la Nación | Analizar los cambios y/o continuidades en el aula, instituciones, sujetos, familias y comunidades a partir de la implementación del PCI | Metodología cualitativa |

Uno de los principales hallazgos del análisis se refiere a la heterogeneidad de estrategias y perspectivas metodológicas. Como mencionábamos más arriba, se han registrado trabajos de alcance más acotado –estudios de caso, centrados en una o un conjunto de escuelas–, e investigaciones que combinaron técnicas –Informe 2010 y 2011– como encuestas nacionales, entrevistas, grupos focales y observaciones. No obstante, el objetivo siempre gira en torno a subrayar las condiciones de inclusión social y las diversas estrategias de apropiación, haciendo foco especialmente en las familias con menores recursos económicos (Dussel, en este mismo volumen).

El "Informe de Avance de Resultados 2010", primer documento evaluativo de alcance amplio, tuvo por objetivos, por un lado, conocer características de los establecimientos y comunidades educativas que recibieron las primeras *netbooks* del PCI y, por otro lado, probar estrategias de seguimiento, instrumentos de recolección de información y reportes asociados. Combinó metodologías cualitativa y cuantitativa, seleccionó treinta y nueve escuelas, donde relevó infraestructura, contexto y percepciones.

El trabajo "Historias Uno a Uno. Imágenes y testimonios de Conectar Igualdad", coordinado por Vacchieri y Castagnino (2012) –ambas miembros del equipo del PCI– relevó historias personales de los adolescentes que recibieron las computadoras, sus familiares y docentes. Con testimonios e imágenes, reconstruyeron la experiencia del programa, recuperando la perspectiva de los actores involucrados. Si bien este relevamiento se propuso como monitoreo y no evaluación, recupera la clave de la última: el impacto.

Por su parte, las evaluaciones encargadas a las universidades nacionales comprenden una escala federal, que permitieron extraer generalizaciones, gracias también a su riqueza técnica en su construcción de datos: combinaron encuestas, entrevistas semi-estructuradas, observación participante y no participante.

2. Modos y formatos de evaluación en el corpus de investigación: ¿qué, cómo y para qué?

Este capítulo pretende dar cuenta del conjunto de las evaluaciones realizadas sobre el PCI. A tal fin, hemos seleccionado un corpus de estudios paradigmáticos, todos solicitados por el propio PCI: por un lado, evaluaciones del PCI desarrolladas por universidades –en particular los trabajos de la Universidad Nacional de Tres de Febrero (UNTREF) de 2011 y el del conjunto de quince universidades nacionales de 2015–; por otro lado, dos evaluaciones diseñadas y desarrolladas desde las propias instituciones que llevaron adelante el PCI. A fin de distinguirlas, llamaremos a las primeras "universitarias" y, a las segundas, "endógenas". Esta distinción radica en la conformación de la perspectiva, objetivos y herramientas con que ambos grupos de trabajos fueron completados: los primeros desde fuera y con el programa, los últimos desde dentro del programa.

Sobre la producción de las evaluaciones: los puntos de partida

En términos generales, las evaluaciones realizadas sobre el PCI tienen un carácter institucional y oficial. Es decir, el corpus relevado muestra que las evaluaciones son programadas, demandadas y guiadas por el Ministerio de Educación de la Nación a tal fin. Tanto los requerimientos como los indicadores son inducidos por lineamientos generales del PCI cuya aplicación concreta se efectúa según un criterio dispuesto por el equipo de trabajo centralizado en el PCI.

Los trabajos "endógenos" –el "Informe de Avance de Resultados" (PCI, 2011) e "Historias Uno a Uno" (PCI, 2012)– hacen un seguimiento sobre las transformaciones producidas por el PCI a poco tiempo de su aplicación. Si bien "Historias Uno a Uno" tiene una dupla de autoría concreta, los otros dos trabajos fueron realizados por el Ministerio de Educación y el equipo del Programa Conectar Igualdad, a través de la creación de una Unidad de Investigación y Experimentación. No obstante, son varias las instituciones asociadas en las portadas de los informes: la Administración Nacional de Seguridad Social (ANSES), el canal de televisión Encuentro, la Organización de los Estados Interamericanos (OEI), el portal web de contenidos educativos Educ.ar –perteneciente al Ministerio de Educación de la Nación–, y la Presidencia de la Nación.

"Historias Uno a Uno" combina voces e imágenes de los miembros de la comunidad educativa, en pos de recuperar las experiencias vividas en torno al PCI. La unidad de estudio se compone de diez escuelas ubicadas en diferentes provincias del país, todas ellas escogidas por el Ministerio de Educación de la Nación, cuya población recibió sus *netbooks* entre diciembre de 2010 y julio de 2011. Tal recorte no dispone de justificación metodológica. A diferencia del resto de los textos del corpus, "Historias Uno a Uno" se distingue por distanciamiento respecto de toda pretensión objetiva: su objetivo fue captar las reacciones de los inicios de la implementación del programa y destacar la voz de los protagonistas. De esta manera, el estudio revela el testimonio de diversos actores escolares, incluyendo las familias de los jóvenes alcanzados por el PCI. Por otra parte, este trabajo se enmarca como un texto en el marco de los propios procesos permanentes de seguimiento y evaluación que requiere la misma implementación del programa, que a su vez contempla y pretende incluir variados registros de la instrumentación y experiencia, documentada mediante pequeños relatos, testimonios e imágenes. De allí que la concepción de *impacto* que subyace en las evaluaciones oficiales pueda pensarse como holista, en tanto se pretende amplia y compuesta por diferentes esferas, retratos de diferentes ópticas. Ahí radica una de las particularidades de esta evaluación por comparación a las realizadas en el resto de los países relevados.

En el caso de las evaluaciones "universitarias", los equipos asignados para estos trabajos son, finalmente, los encargados de diagramar –libremente– su propuesta y tarea investigativa, a condición de cumplimentar una serie de entregas según un cronograma común. En tanto las evaluaciones fueron solicitadas por el propio Programa Conectar-Igualdad, el financiamiento estuvo a cargo de la ANSES. En el caso de las primeras evaluaciones también colaboraron, en este sentido, *Educ.ar* y la *OEI*. No obstante, es importante destacar que, más allá de la utilización de categorías específicas como *evaluación, monitoreo* e *investigación sustentable*, no existió una receta a seguir. Es decir, si bien partieron de consensos metodológicos y división de tareas, los requerimientos generales están dados por el equipo metodológico que lideró la experta Marta Kisilevsky. De todas formas, cada universidad diagramó su propio proyecto de investigación en plena capacidad de agencia y bajo esos lineamientos generales, lo que dio lugar a su riqueza interpretativa e innovadora en la lectura del impacto del PCI.

En el caso de las evaluaciones "universitarias", la llevada adelante por la Universidad de Tres de Febrero (UNTREF) estuvo bajo la coordinación de Gabriel Asprella y la coordinación académica de Mariana Rossi, en tanto que César Tello Nicolás Pace encabezó el equipo de trabajo que también integraron Graciela Esnaola Horacek, María Lorena Paz, Marina Becerra, Federico Bermejo y Manuel Becerra. La marca de esta investigación está dada por la circunscripción del ámbito de la evaluación: la unidad familiar y las transformaciones del PCI en la vida cotidiana.

Los informes universitarios son los documentos más abarcativos en alcance, recursos y actores involucrados. La intención del Ministerio de Educación al convocar a las altas casas de estudio fue propiciar la "generación de insumos importantes para la mejora de la implementación y la toma de decisiones a partir del registro, documentación y difusión de experiencias institucionales en torno a la incorporación de TIC en las prácticas educativas" (PCI, 2011b: 32-32). En 2015 el equipo evaluador alcanzó las quince universidades.[2] El resultado de esta conjunción es una variedad de perspectivas que ha enriquecido las evaluaciones oficiales con las tradiciones y discusiones académicas.

En suma, a pesar de que las evaluaciones relevadas son resultado de la propia demanda gubernamental para testear el grado de avance del PCI, los equipos han podido plasmar sus perspectivas y apreciaciones sobre la base de ciertos consensos metodológicos y división de tareas. Asimismo, las sucesivas evaluaciones realizadas han sido concebidas como parte del proceso evolutivo de la propia

---

[2] Universidad Nacional Arturo Jauretche, Universidad Nacional de Avellaneda, Universidad Nacional de Cuyo, Universidad Nacional de Entre Ríos, Universidad Nacional de General Sarmiento, Universidad Nacional de Jujuy, Universidad Nacional de la Patagonia San Juan Bosco, Universidad Nacional de La Plata, Universidad Nacional de Misiones, Universidad Nacional de Río Cuarto, Universidad Nacional de Río Negro, Universidad Nacional de Rosario, Universidad Nacional de Villa María, Universidad Nacional del Centro de la Provincia de Buenos Aires y Universidad Nacional del Chaco Austral.

aplicación de la política pública. En este sentido, el material producido buscaba tornar perfectible el PCI a través del registro de las primeras reacciones y de la mano de las voces protagonistas. Ante este escenario, las reacciones de las universidades han sido diversas, aunque han primado las perspectivas holistas, que pretendían captar todas las dimensiones para comprender las transformaciones que implicó la implementación del PCI.

A continuación se presentan –respondiendo a distintas dimensiones formuladas como interrogantes– los resultados del análisis descriptivo y comparativo entre las diversas evaluaciones relevadas que conforman el corpus de investigación.

¿Qué marco epistemológico, teórico y metodológico se define y qué perspectivas disciplinarias y referencias bibliográficas se citan para respaldar modelos, conceptos, categorías, metodología y estrategias de análisis utilizadas?

La mayoría de los trabajos presentados en las instancias de evaluación del PCI sostienen la mismas bases conceptuales, que retoman las interpretaciones y lecturas anidadas en los distintos campos disciplinares que se dedican al estudio de las nuevas tecnologías, siendo la noción de impacto uno de los conceptos centrales.

Entre las evaluaciones "universitarias", la UNTREF, si bien sostiene la categoría de impacto para reflexionar sobre los sentidos y significados de las prácticas que habilita el modelo Uno a Uno, se concentra, en particular, en las consecuencias en el marco familiar. Para ello, incluyen en su unidad de análisis, además del escenario educativo, la familia como beneficiaria. En este marco, el impacto es entendido *como el conjunto de resultados esperados y no esperados* en la ejecución de una política pública orientada a la persecución de determinados objetivos. Su forma de medirlo está dada por la catalogación de los datos en función de, por un lado, el grado de inclusión digital previo a la llegada del PCI y, por otro lado, del tipo de radicación familiar, ya sea urbano o rural. Por otra parte, "relevamiento" y "monitoreo" son referencias relevantes, así como los antecedentes Uno a Uno a nivel mundial y nacional, como "Una computadora por alumno" en la CABA y "Todos los chicos en red" en San Luis. El impacto en sí es medido en función de cada etapa de implementación: diseño, implementación y evaluación.

De todas formas, esta evaluación no avanza en el plano concreto: su propuesta es solo teórica y su principal aporte es un estado del arte de las políticas públicas en relación con el modelo Uno a Uno. En ese marco, el informe arguye que el enfoque en las familias no ha sido explorado suficientemente y sugiere avanzar en ese camino. Como ya mencionamos más arriba, la investigación de la UNTREF giró en torno al impacto del PCI sobre las familias alcanzadas, atendiendo especialmente las complejidades de sentido, ambigüedades en su percepción y recorte. Sobre una definición de modelo Uno a Uno como distribución de computadoras entre estudiantes de una población específica, no se concentran en la universalidad de la política, como tampoco la construcción de un nuevo derecho ciudadano asociado, sino más bien la entrega de un insumo tecnológico.

El caso de la evaluación de 2015, el foco estuvo puesto en las rupturas y las continuidades, llevando el campo del análisis a las propias prácticas observadas. De modo que las universidades destacan el viraje en términos de apropiación del recurso, dispositivos y lenguaje tecnológico:

> abordar con mayor profundidad aspectos pedagógico-didácticos, enfocando las relaciones con el conocimiento a enseñar, y los usos de las TIC como recurso para la enseñanza en el aula. A nivel de la institución escolar, también se consideró importante observar los usos y su repercusión en los sujetos y cambios en las instituciones, aulas y comunidades a partir de la implementación del Programa Conectar Igualdad, con vistas a identificar cambios y/o continuidades (PCI, 2015: 20).

Los estudios de evaluación "endógenos" construyeron una categoría para este género: los "estudios evaluativos sobre el PCI", con sus correspondientes "equipos evaluativos". Lo novedoso de esta propuesta consiste en el concepto que subyace a la evaluación en sí, ya que como parte de la propia implementación del programa, subraya sus logros y deficiencias. En particular, se concentran en las características pedagógicas y sociales a partir de la introducción de las *netbooks* como herramienta de trabajo educativo. En este sentido, su método, enfocado en la voz de los actores, colabora en la construcción de las categorías que organizan las dimensiones y subdimensiones que se utilizarán luego para interpretar sus relatos: "distintas representaciones de los actores, sus experiencias y los significados que les atribuyen a las prácticas o a los otros actores involucrados" (PCI, 2011b: 34).

"Historias Uno a Uno" define el carácter del estudio con distintos términos a lo largo del documento. Se destacan principalmente las categorías de "registro", "relevamiento" y "diagnóstico". Un aspecto a resaltar es que en el texto se aclara –en repetidas ocasiones– el sentido del trabajo: se trata de un estudio sobre lo que las autoras llaman "la fase de instalación" del PCI en las escuelas, es decir, sobre los primeros meses de la implementación de la política.

En síntesis, al calor de la misma aplicación, los procesos de evaluación desarrollados desde las diferentes instancias institucionales han buscado comprender cómo las TIC pueden insertarse en un contexto de convergencia digital amplio. Así, en todos los casos, el desafío fue comprender el impacto. No obstante, esta categoría, probablemente de las más usadas entre los evaluadores, implicó su apropiación en el campo académico. En esa misma línea, los académicos construyeron sus dimensiones, aunque demostraron tener ciertas limitaciones en el análisis de la coyuntura, especialmente en términos de alcance y diseños de investigación que dieran cuenta de la universalidad de esta política social. En suma, se trató de oportunidad de intercambio entre ambas esferas –la académica y la gubernamental– con una dimensión nunca antes alcanzada, ya por los actores involucrados, ya por la diversidad federal involucrada. Asimismo, la academia contribuyó en la generación de materiales bajo un enfoque plural y lejos del tradicional análisis reduccionista en términos de aciertos y deficiencias.

¿Qué objetivos, interrogantes e hipótesis se señalan para realizar cada evaluación?

Los estudios "universitarios" relevados parten de diferentes objetivos. La UNTREF, fiel al cambio de perspectiva propuesto, busca comprender el impacto del PCI en la unidad familiar y, en particular, el impacto en sujetos con Necesidades Educativas Especiales (NEE).

Por su parte, el trabajo conjunto de la UNSAM, UNIPE y UNTREF –que tomamos como referencia de las evaluaciones universitarias de 2015– es original en la construcción de sus objetivos, en tanto permite construir datos que hasta ese momento no habían sido indagados: los consumos culturales digitales de los jóvenes y su relación con esos circuitos; las experiencias de "digitalización" del espacio escolar; el impacto del modelo Uno a Uno entre las familias, en educación especial y en el aprendizaje en general; proyectos realizados por ONG que han trabajado con escuelas y tecnologías; y, finalmente, los espacios virtuales como medio para la enseñanza docente.

Por otra parte, el estudio más amplio de 2015 propone "analizar los cambios y/o continuidades en el aula, instituciones, sujetos, familias y comunidades a partir de la implementación del PCI" (PCI, 2015: 20), haciendo un especial énfasis en las prácticas ligadas a las tecnologías a partir de la tenencia de la *netbook*. Así, la transformación de los espacios escolares y hogareños en función de las diversas actividades cotidianas propiciadas a partir de la introducción de la tecnología fueron los focos de este estudio.

El informe que preparó la UNTREF, por su parte, está guiado especialmente por la pregunta respecto a qué tipo de impacto recibe una familia cuyos hijos son beneficiarios del PCI. La hipótesis guía es que el impacto será proporcionalmente inverso en función de la inclusión digital previa de la región donde la familia a analizar se encuentra inserta. Es decir, a mayor inclusión digital previa, menos será el impacto del PCI y viceversa. Los tres ejes de observación para entender el impacto están compuestos por la "brecha digital familiar", "la inclusión ciudadana" y "la formación de competencias para el siglo XXI". Esta disposición temática está directamente relacionada con las intenciones de base del PCI. Entre los resultados se estiman dos grandes y amplias posibilidades: impacto positivo e impacto negativo.

Las evaluaciones "endógenas" pretenden "analizar los cambios y/o continuidades en el aula, instituciones, sujetos, familias y comunidades a partir de la implementación del PCI" (PCI, 2015: 20). Más puntualmente, buscan dar cuenta de las transformaciones en la configuración de los espacios y tiempos de enseñanza, las formas de enseñar y de aprender, la cotidianidad, la gestión escolar y el impacto entre los sujetos y comunidades parte. En otras palabras, la Línea de Evaluación y Seguimiento fue creada para conocer y medir el impacto curricular, institucional, interpersonal y social de la implementación del Programa Conectar-Igualdad. Su misión es documentar los procesos de cambio en las comunidades educativas destinatarias del programa a lo largo y ancho de todo el país, con el fin de mejorar su aplicación: "la evaluación es entendida como un componente fundamental en la implementación de las políticas educativas, ya que la información resultante brinda elementos para comprender las estrategias e identificar logros y deficiencias" (PCI, 2011a: 8), o bien "generación de insumos importantes para la mejora de la implementación y la toma de decisiones a partir del registro, documentación y difusión de experiencias institucionales en torno a la incorporación de TIC en las prácticas educativas" (PCI, 2011b: 32-32).

Los informes de 2011 se refieren a una estrategia piloto de seguimiento de escuelas y principales valores construidos en función de la apropiación de la *netbook*. El primer objetivo específico fue conocer algunas características de los establecimientos y comunidades educativas que recibieron las primeras *netbooks* del PCI: a) dificultades y avances en el proceso de apropiación de las *netbooks*; b) acciones y opiniones de los distintos actores implicados en su ejecución (docentes, estudiantes, padres, entre otros). El segundo objetivo específico busca probar estrategias de seguimiento, instrumentos de recolección de información y reportes asociados. Es esta primera etapa, se plantean como objetivos específicos, además: conocer el contexto escolar en que se implementa el PCI, detectar posibles dificultades de implementación en las escuelas y los sujetos de la comunidad escolar, identificar y cuantificar los equipos tecnológicos distribuidos. En el caso particular de "Historias Uno a Uno", el objetivo general es "relevar" e "identificar", "caracterizar", el *"impacto"* de la llegada del PCI en las "subjetividades", "voces", y tramas de los agentes escolares tanto como de las familias de las diez escuelas seleccionadas por este estudio. El impacto social, institucional y en el aula son las dimensiones específicas exploradas a fin de entender ese "impacto" como modificación de su entorno, provocando nuevas prácticas y experiencias. Por eso mismo, eligen registrarlas y plasmarlas en las voces y experiencias de los entrevistados.

La evaluación "endógena" se guió por varios interrogantes. Entre ellos se destaca la comprensión de las transformaciones y continuidades en diferentes aspectos. Como se desprende de los objetivos específicos, el foco estuvo dado por las prácticas de gestión institucional, las gramáticas institucionales, las formas de comunicación, las aulas y sujetos, aprendizaje en tiempo y espacio, las prácticas docentes, los nuevos usos de las TIC y los procesos de aprendizaje. En el caso concreto de "Historias Uno a Uno", al tratarse de un texto enfocado en los resultados de coyuntura provistos al calor del primer periodo –o como lo llaman las autoras, "etapa de instalación"– del PCI en las escuelas, este trabajo subraya una serie de hipótesis también construidas al andar. Entre los temas predilectos encontramos proyecciones futuras sobre posibles direccionalidades en el impacto de ciertas tendencias y la manera en que esas direcciones –identificadas para este período inicial– se plasmarán e influenciarán en las fases sucesivas de implementación del programa. Así, una de las hipótesis es que los "principales rasgos" identificados en las escuelas seleccionadas por este estudio también se dieron en la mayoría de las escuelas nacionales. Uno de los rasgos analizados, por ejemplo, plantea que tanto el entusiasmo de los beneficiarios como el miedo de los docentes y directivos ante la llegada del PCI podrían ser una constante en todas las instituciones escolares. Otro rasgo identificado es la idea de que las *netbooks* reemplazarán paulatinamente libros y fotocopias. En consecuencia, ello posibilitará un mayor acceso de todos los alumnos a los materiales de estudio, no solo en la escuela sino también en la casa. En este sentido, a lo largo del texto es fuerte la hipótesis de que el PCI contribuirá con una democratización del acceso a conocimientos y saberes para la comunidad académica toda. En los estudios "endógenos" realizados en 2011, a pesar de que no se realizan hipótesis explícitamente, puede deducirse que un escenario exitoso de implementación implica varios factores, saber: a) el entorno socioeconómico de la comunidad en que se inserta la escuela; b) las estrategias institucionales de las escuelas; c) la situación familiar en el hogar de los estudiantes, en términos económicos y educativos.

En suma, los objetivos planteados en los trabajos de evaluación de toda índole son coincidentes: todos ellos buscan comprender qué cambios y continuidades se vivencian y perciben a partir de la implementación del PCI. Asimismo, evalúan el grado de inserción del recurso en lo cotidiano, explorando las implicancias en esferas variadas como la pedagógica, la institucional y la social. Entre las hipótesis más recurrentes se puede definir la idea de que existen diferentes reacciones según el territorio donde se observe la implementación del PCI. La inclusión digital previa será inversamente proporcional al impacto y transformaciones.

¿Qué estrategia metodológica se decide emplear en la evaluación?
¿Qué criterios muestrales, o de selección de casos se utilizan?
¿Cómo se definen las unidades de observación y análisis?

Para el corpus de evaluaciones sobre el PCI relevadas, hay una tendencia al uso de criterios de evaluación cualitativos. Probablemente por la imposibilidad de gestar una evaluación sistemática a gran escala o lo suficientemente representativa, la mayoría de los equipos se ha inclinado a trabajar bajo una perspectiva cualitativa.

Entre las evaluaciones "universitarias", la UNTREF parte de una unidad de observación y análisis bien definida: la *unidad familiar/hogar*. Esta categoría es definida como el espacio de socialización primaria, análogo al aula. Es decir que se refiere a la/s unidad/es "en que el alumno beneficiario convive en su realidad más próxima" (2011). Es el grupo familiar de entorno más cercano el que pretende cubrirse en esta categoría. En especial, proponen considerar las unidades familiares provenientes de sectores socioeconómicos más desfavorecidos y, en ese rango, los núcleos residenciales cuya jefa de hogar es una mujer.

Probablemente por el tiempo de maduración y experiencia acumulada de trabajo, el último informe de evaluación –llevado adelante por las quince universidades convocadas y publicado en 2015– plasma en su anexo una matriz de evaluación detallada. En ella pueden observarse no solo las dimensiones seleccionadas para la investigación, sino también su desagregación en subdimensiones, aspectos observables, instrumentos con que se abordó esa observación en cada uno de los espacios indagados, registrando también las preguntas específicas según los actores sobre los que se trabajara.

En la segunda etapa de evaluaciones (2015) también prima un abordaje cualitativo, con entrevistas –individuales y grupales– y observaciones entre sus técnicas predilectas. No obstante, también se han aplicado encuestas autoadministradas entre estudiantes y análisis de fuentes secundarias. Esta vez la gran dimensión del equipo de trabajo permitió hacer un estudio federal, incorporando todas las provincias en su unidad de estudio. Las evaluaciones "endógenas" relevadas especifican una unidad de análisis compuesta por diferentes grupos de actores y situaciones: el aula, la práctica docente, los estudiantes, la institución y, finalmente, la familia y las comunidades de inserción. La modalidad de trabajo implicó una puesta en común de todo el equipo de trabajo. A tal efecto se redactó un documento base, así como un marco metodológico común. Esa base les permitió construir una matriz de evaluación única, así como un conjunto de instrumentos para concretar la investigación. Luego, cada equipo de investigación se encargó de gestionar el contacto con los coordinadores provinciales del PCI para llevar adelante su trabajo y obtener el acceso al campo.

Las evaluaciones de 2011 se basaron en visitas al grupo de escuelas seleccionadas. En cada una se confeccionó una "ficha de escuela", apuntando sus condiciones y características particulares, tales como el edificio, las instalaciones, la matrícula, el piso informático previo, y los cambios registrados a partir del PCI. En términos técnicos, también se realizaron entrevistas no estructuradas a directivos, docentes, estudiantes, familiares e informantes clave, como por ejemplo los referentes TIC. Asimismo, se buscó construir un dato coyuntural al propio calor del proceso: una "grilla de percepciones" sobre el papel de las nuevas tecnologías en la educación.

En paralelo se emplearon, a su vez, fuentes secundarias de datos oficiales, a fin de caracterizar la población objetivo. Entre ellas, se mencionan los informes de la DINIECE, el Censo Nacional de Población, Hogares y Viviendas, la Encuesta Permanente de Hogares (EPH).

Si bien "Historias Uno a Uno" comienza con la mención de las instituciones escolares que constituyen el universo de análisis, no se presenta una justificación sobre la selección de los casos de estudio. Tampoco de la unidad de estudio elegida, es decir, de las localidades y provincias donde se llevó adelante el trabajo. No obstante, se explicita que en las diez instituciones escolares seleccionadas se buscó retratar las voces de los diversos actores que conforman la comunidad educativa. A saber: el personal docente, el personal no docente, los padres, los directivos, los estudiantes, así como los hermanos y abuelos de los estudiantes. Asimismo, se describe un contexto de observación multisituado, abarcando no solo los espacios de actividad escolar estructurada como las clases, la actividad escolar desestructurada como la que tiene lugar en los patios, sino que también buscó registrar las transformaciones por fuera de la escuela, extendiendo la unidad de estudios hasta las casas de los estudiantes.

En términos metodológicos, se sumaron también otras técnicas a las observaciones. La evaluación realizada por la UNTREF sugiere una metodología mixta, compuesta de elementos cuantitativos y cualitativos, prefigurando una mirada interdisciplinaria, aunque sin un criterio muestral especial. A su vez, este informe incorpora, en paralelo, estudios de corte etnográfico. A tal fin, proponen implementar un estudio exploratorio en profundidad, a fin de evaluar los objetivos propuestos e impactos no esperados. Luego, con esa información a disposición, conformaron un plan de evaluación estratégica. En el marco del estudio se propone realizar "pruebas de usabilidad" con usuarios miembros integrantes de la unidad familiar. Este trabajo presenta una propuesta especial para estudiar el impacto en los grupos familiares con sujetos con necesidades educativas especiales (NEE), atendiendo al empoderamiento en el marco de esa vulnerabilidad, la inclusión social y el acceso al conocimiento. En relación con los indicadores para entender las NEE se sugieren siete tipos de criterios para apreciar la accesibilidad: uso equiparable, uso flexible, simple e intuitivo, información perceptible, tolerancia al error, exigencia de esfuerzo físico, tamaño y espacio. Señalan el componente organizativo como parte destacada de su metodología de trabajo: el trabajo colaborativo a través de una *wiki* y un grupo abierto en *Facebook*.

La evaluación endógena, por su parte, sugiere la combinación de cuatro tipos de instrumentos: por un lado, entrevistas con director, el administrador de red, cuatro a seis docentes, una serie de tres entrevistas con dos estudiantes; por otro, observaciones de clases y espacios escolares; luego, la distribución y aplicación de encuestas autoadministradas entre los estudiantes que dispongan de las *netbooks*; finalmente, también se propone un análisis de documentos institucionales.

En el caso de "Historias Uno a Uno", el relevamiento es de corte puramente cualitativo. Se presenta como el registro de las experiencias y la documentación del impacto del PCI mediante una recopilación de las "crónicas, voces e imágenes" de los agentes escolares y las familias. Su material empírico es, por lo tanto, las entrevistas realizadas por las autoras a los miembros de la comunidad educativa. A partir de ese material, las autoras de este documento construyeron "historias" sobre la llegada de las *netbooks* a la vida de los beneficiarios, que dan título al documento: "Historias Uno a Uno". A pesar de consignar la técnica seleccionada, no se especifican los pormenores, de modo que desconocemos si fueron en profundidad, semi-estructuradas o estructuradas. A pesar de que fueron las autoras quienes construyeron las situaciones de entrevista, no se adjuntan reflexiones sobre la situación en que tuvieron lugar, así como tampoco se especifican las condiciones de producción de tales materiales empíricos. Por otra parte, el texto realiza un tipo de ordenamiento, jerarquización y categorización, y sin embargo, *se propone como una lectura transparente* (positivista) de los testimonios que los miembros de cada escuela y familia entrevistada realizaron. No obstante, los criterios de edición, selección e interpretación que sostienen esa misma construcción no son explicitados del documento general. La metodología termina de consolidarse en un marco holista con la inclusión de imágenes y el discurso técnico sobre el que se construye el programa, buscando dar cuenta de los climas y entornos en los que se trabajó. Así, el texto termina por constituirse en un *collage* de datos construidos para mostrar las transformaciones entre la población objetivo.

En el caso de los trabajos "oficiales", la base de partida para la construcción de los criterios muestrales ha sido –en términos estadísticos– no representativa. De todas maneras han, asimismo, procurado la diversidad de relatos y relevamientos a nivel federal, aun cuando no hayan logrado cubrir el total de las provincias.

Tampoco parece ser claro el criterio muestral en el documento oficial "Historias Uno a Uno". La selección de los casos parece ligada a situaciones facilitadoras de coyuntura para realizar el estudio. Probablemente el acceso de las escuelas beneficiarias, así como la disponibilidad de sus directivos, docentes, estudiantes y familiares a ser entrevistados haya jugado un rol importante en la selección. Asimismo, la representatividad federal de la muestra también pareciera haber sido un criterio en el diseño muestral.

En conclusión, en la mayoría de los trabajos existe una tendencia al trabajo cualitativo. Ya por el enfoque propuesto o por la lectura coyuntural, las entrevistas y observaciones resultaron las técnicas más utilizadas. Asimismo, la existencia de un contexto de evaluación federal llevó a ampliar la unidad de observación, a fin de captar las diferentes reacciones, perfilando así una observación etnográfica multisituada como metodología predilecta. En este sentido, se han tomado como unidad de estudio no solo las instituciones escolares, sino también los hogares y espacios vinculados con la gestión del PCI. Entre las limitaciones observadas es importante mencionar que en muchas de las evaluaciones oficiales tanto los criterios de selección, edición e interpretación del corpus de relatos con que se compuso el trabajo de campo –así como los posteriores datos– no se explicitan, a diferencia de la construcción de las muestras no representativas.

¿Cómo se definen las categorías y dimensiones de análisis para evaluar la relación entre la familia y la tecnología, y entre la escuela y el hogar y la comunidad?

El grupo familiar no es considerado en todas las evaluaciones relevadas sino solamente en algunas. Entre los estudios que deciden contemplarlo, el foco está puesto en la relación entre el PCI y la familia. No obstante, el vínculo entre las familias y la tecnología no es siempre problematizado en términos conceptuales.

"Historias Uno a Uno", por ejemplo, se refiere a las familias únicamente a partir del testimonio de alguno de sus miembros entrevistados. A partir de fragmentos de entrevistas con los padres de los beneficiarios, esta investigación sostiene y explica una nueva tendencia desarrollada entre las familias a partir del PCI: son los hijos quienes enseñan a los padres a utilizar las TIC. Así, el PCI vendría a invertir la relación pedagógica entre padres e hijos en función del conocimiento y manejo de la tecnología. Esto mismo, plantea el informe, ha producido "expectativas" positivas en las familias sobre el programa. En este sentido, los adultos familiares son descritos únicamente en relación con sus conocimientos escasos de las tecnologías digitales. Así, no se discute en esta esfera la posesión de *capitales culturales*, ni tampoco de *habilidades*, aunque sí de "desempeños poco satisfactorios", escena sobre la que la llegada de las *netbooks* ejercería una transformación en términos de mejoras en el manejo de las tecnologías y, con ello, una escalada de mejoras a partir de la inversión en el proceso de enseñanza, ahora desde los hijos hacia los padres. En cuanto a la relación con las tecnologías el estudio se refiere a las familias de los beneficiarios de un modo genérico, la mayoría de las veces como "las familias de los alumnos". Luego, en algunas oportunidades, marca una particularidad al señalar que en ese caso puntual se está hablando de "familias de escasos recursos" (PCI, 2012: 27); incluye "la voz de una docente" que habla de "familias con trabajo precario, numerosas", y luego se refiere sobre el final a "alumnos de zonas muy vulnerables, sobre todo por problemáticas de conformación familiar". A su vez, el estudio enuncia que explorará el rol de los padres en relación con el uso de las *netbooks*, aunque no desarrolla descripciones de sus acciones o posicionamientos. El único apartado dedicado al testimonio de los padres (PCI, 2012: 34) se centra en conocer cómo recibieron el anuncio de la política, cómo la perciben en términos de aceptación o rechazo, pero no incluye los propios usos o las críticas y resistencias. Asimismo, los capítulos siguientes, que abordan "el impacto" en el ámbito escolar, omiten las voces de los padres sobre lo que allí sucede. Tampoco hay una especificación o caracterización de las situaciones de los padres o de las familias en relación con las nuevas tecnologías más allá de la posesión de una PC (o no) con anterioridad a la *netbook* del PCI.

Esta perspectiva sobre la vulnerabilidad de la población receptora de los dispositivos tecnológicos ya apareció anteriormente en otros informes oficiales y es variado el repertorio de categorías que utilizan: "población escolar en situación de vulnerabilidad", "familiares que se encuentran sin empleo y con un nivel educativo bajo", "pobreza estructural", "hogares con NBI", "sector socioeconómico empobrecido". Resaltan entonces los bien delineados perfiles del grupo familiar al que se apunta con esta política social:

la población educativa que concurre a la mayoría de las escuelas visitadas por el equipo de evaluación y seguimiento pertenecen a un sector socioeconómico empobrecido, que no llegan a satisfacer sus necesidades básicas o que no alcanzan a cubrir la canasta básica y no han tenido un acercamiento previo con las computadoras antes de la llegada del programa Conectar-Igualdad (PCI, 2011: 20),

o también, "la mayoría de las escuelas visitadas presentan un porcentaje alto de estudiantes que abandonan la escuela y estudiantes con sobreedad, lo que permite sostener que la población escolar que acude a dichos establecimientos está en situación de vulnerabilidad" (PCI, 2011: 18).

En el caso de la evaluación de la UNTREF, todo el trabajo gira en torno a la recepción del programa en el seno del grupo familiar. No obstante, entienden la complejidad del recorte por lo subjetivo y amplio de esta última categoría. La unidad de observación y análisis es la "unidad familiar/hogar" y es definida como el espacio de socialización primaria, análogo al aula. Es decir que se refiere a las unidades ".en que el alumno beneficiario convive en su realidad más próxima". Es el grupo familiar de entorno más cercano el que pretende cubrirse en esta categoría. Proponen especialmente considerar las unidades familiares provenientes de sectores socioeconómicos más desfavorecidos. En ese rango, sugieren observar con especial detenimiento aquellos núcleos residenciales cuya jefa de hogar es una mujer. No obstante, dado el carácter exploratorio y propositivo del estudio, todo se reduce a intenciones para futuras indagaciones, sin concretar estas líneas de continuidad, que sugieren retomar en futuros trabajos.

¿Qué resultados principales se señalan y qué recomendaciones se realizan, y dirigidas a quién?

Los resultados de las diferentes evaluaciones muestran escenarios en pleno desarrollo, con la perspectiva de poder influir sobre su concepción y perfeccionar el programa.

Entre los trabajos académicos relevados se registra una necesidad de sistematizar, así como complejizar los fenómenos observados, resaltando la importancia de empezar a pensar en las TIC como nuevas formas de inclusión. Lejos de ser un camino lineal, su concreción requiere considerar y contemplar experiencias diversas. Asimismo, continuar con el desarrollo de metodologías, análisis desde diferentes perspectivas y puestas en común. Por ejemplo, el trabajo de la UNTREF, en tanto se erige como una propuesta a ser aplicada, presenta sus resultados en función del estado del arte realizado a nivel mundial sobre modelos Uno a Uno y no en función de hallazgos específicos en terreno.

La evaluación de 2015 permite observar una descomposición del fenómeno de apropiación en diferentes niveles de recepción: institucional, docente, estudiantil. Lo familiar es, en este caso, subsumido bajo lo estudiantil aduciendo que tal enfoque será materia de futuras publicaciones.

Tras cuatro años de instrumentación del PCI, los hallazgos de esta investigación subrayan como transformaciones institucionales: los procesos administrativos, la gestión directiva, la comunicación hacia dentro y fuera de la institución, el clima áulico, la organización de los espacios y nuevas conformaciones en el equipo docente. La principal conclusión en relación con estas apropiaciones sirve como argumento para sostener la no neutralidad de las TIC y el rol activo de los actores sociales en su conformación. Asimismo, esta investigación destaca –en sintonía con la progresiva incorporación del instrumento– la ausencia la apropiación para proyectos institucionales. En este sentido, esta evaluación tipifica un grado evolutivo de incorporación institucional en tres etapas: estadio de iniciación, estadio de adopción y estadio de transformación. Concluyen este primer apartado con la importancia de una dirección que promueva su real incorporación al proceso educativo mediante su apoyo a la formación, intercambio, refuerzos técnicos y pedagógicos, reglas de uso claras y una infraestructura que permite todo esto.

El segundo eje de hallazgos concierne a las prácticas docentes, que describen en tránsito "del acceso al uso", a partir de la implementación de mayores opciones de capacitación. Este grupo se erige, asimismo, como "guía" de varios de los usos educativos de las *netbooks* entre los estudiantes. En relación con el último eje de estudio, el concerniente a los estudiantes, destacan una percepción positiva, en que la renovación del clima áulico de la mano del PCI incentiva su aprendizaje, así como su participación. Se observa también un incremento de autoestima, un mejor manejo de *software* especializado, sensaciones de mayores oportunidades de cara a la salida laboral, y percepciones de hibridaciones de soportes, que naturalizan la incorporación de los dispositivos tecnológicos en sus prácticas cotidianas.

En el caso de las evaluaciones "endógenas", encontramos, en primer término, un reconocimiento de las limitaciones del programa. La llegada del programa a las escuelas significó un salto exponencial en los recursos disponibles para la integración de las TIC a las prácticas pedagógicas. Sin embargo, hay que atender a la heterogeneidad de situaciones que se observan en las mismas. En general, se registró concordancia entre matrícula y *netbooks* recibidas, pero también hubo algunas disparidades en las *netbooks* para docentes. Asimismo, hubo dificultades en la asignación de los cargos de administrador de red y una constante dificultad en relación con la conexión a Internet. En relación con el PCI como política pública, se registraron percepciones iniciales positivas, con una preeminencia de emoción y entusiasmo así como también altas expectativas en términos pedagógicos. En suma, las escuelas relevadas muestran un alto grado de satisfacción con el programa, al igual que las familias y los estudiantes. Sin embargo, se han registrado también algunas limitaciones –en la primera etapa– respecto a la conceptualización del programa. Los docentes, por ejemplo, habituados a políticas sociales enfocadas en "pobres merecedores", mostraban ciertas tensiones discursivas para su apropiación en términos de derechos ciudadanos. En suma, los cambios producidos por el programa pueden observarse tanto al interior del aula –en la construcción de roles de estudiantes y docentes, así como la dinámica escolar– como también en el orden familiar y social. Se establecieron lazos de solidaridad y colaboración más estrechos. Al tratarse de una práctica nueva, no existen reglamentaciones que acompañen su utilización.

"Historias Uno a Uno", por su parte, presenta sus resultados en términos de "caracterización" e identifica "rasgos" para la etapa de "instalación" del PCI mediante el relevamiento de testimonios y expectativas positivas de los actores de la comunidad educativa. Sus conclusiones afirman que el PCI "tiene una aceptación única, a pesar de las resistencias y dificultades" y que, por lo tanto, "es posible afirmar que pocas decisiones de política educativa han tenido tanto consenso" ya que, como se demuestra en el estudio, toda la comunidad educativa ha reconocido su importancia. El principal argumento es que todos los actores relevados perciben un programa que "sintoniza con el cambio de época que estamos viviendo, con la sociedad digital, con los nuevos modos en que se comunican e informan los jóvenes, y con sus destrezas". Por otro lado, los usos, prácticas y acciones que dichos estudios relevan –que están más allá de los contemplados por los objetivos del programa– son definidos como "resultados" del "impacto" del accionar de la política. Un ejemplo de esto es la "personificación de las *netbooks*" mediante los dibujos y *calcos* adhesivos con que los estudiantes distinguen su *netbook*, signos que han sido considerados en clave de aceptación y apropiación del PCI entre los actores. En este mismo sentido son interpretadas las descargas de juegos que los estudiantes llevan adelante en sus *netbooks*, en tanto aparecen directamente relacionadas con las tensiones que los usos lúdicos generan en clases y con los docentes:

La primera norma es que tienen que traer la *netbook* a todas las clases. La segunda es que las máquinas se encienden para trabajar cuando yo llego. Otra regla es que aquel chico que decide no trabajar en clase, debe mantener la máquina apagada, porque no puede jugar mientras otros están haciendo actividades. (…) Mientras más la usan, más la traen a la escuela, más se preocupan y juegan menos. Me parece que es un criterio a reforzar. Los adolescentes pueden llegar a tener una política correcta de uso en función del cuidado. En cuanto a recomendaciones, se las damos por todos lados: la gente del equipo técnico, los profesores del área pedagógica, los coordinadores. De modo que el alumno empieza a tomar esto como un bien preciado, con un fin: mejorar la calidad de sus aprendizajes (profesor Alonso, citado en PCI, 2012: 90).

Es inevitable que los chicos llenen las máquinas de música y de juegos que no son justamente educativos, o que perjudican a la computadora. También está el tema de la interacción con las redes sociales. Todo esto hay que trabajarlo más con los alumnos, armar un reglamento. También debería haber algún tipo de formación sobre usos dentro de la escuela o del Programa (Prof. Dalmeida, citado en PCI, 2012: 91).

Ante la disidencia de criterios, estos hechos son considerados con mayor prudencia y, por tanto, elige decirse poco al respecto, aun cuando los usos lúdicos estén, según la literatura especializada, vinculados a la "calidad educativa" y a los "nuevos aprendizajes". Hemos observado, en cambio, que los estudios reconocen los usos de las *netbooks* como un factor influyente en el grupo familiar y, también, sobre otras tramas de relaciones. Sin embargo, estas conexiones también aparecen disociadas de los usos escolares y de los objetivos educativos del programa. Quizá este sea el talón de Aquiles de las lecturas evaluativas relevadas, en tanto la distancia entre lo lúdico y más atractivo entre los sectores populares (Urresti, 2008) y sus usos en entornos educativos no propiciaron mayores reflexiones.

Todas las evaluaciones, "universitarias" y "endógenas", apuntan a mejorar el escenario brindando recomendaciones. No obstante, estas no siempre aparecen explícitas.

Las recomendaciones que propone la UNTREF pueden resumirse en que, más allá del impulso político explícito, equipamiento y soporte técnico, el PCI requiere un sistema de apoyo, monitoreo y sistematización de buenas prácticas de inclusión de los grupos familiares involucrados. Es decir que el foco sería para la fotografía más amplia del proceso, visibilizando así la escuela integral. Se enfatiza la "estrategia de red" para toda la planificación y ejecución del PCI. A fin de visibilizar el "potencial de reticulación del PCI en la comunidad" sugieren un análisis detallado de la estructuración y planificación. En ese sentido, esta investigación propone capacitaciones para madres y padres en el área TIC dictadas por los mismos docentes. También la creación de nodos colaborativos en que estudiantes y docentes intercambien con madres y padres en el marco de cursos, talleres o charlas. En el caso de las NEE sugieren la realización de una "red de familias" que contemple múltiples objetivos: desde la interacción con la escuela hasta el intercambio, la formación y la sensibilización digital. También se sugiere la promoción de la accesibilidad en la web, así como en la inclusión de *software* y periféricos especialmente diseñados. En última instancia, se apuntaría a conformar la Comunidad Conectar-Igualdad, empleando telecentros comunitarios como catalizadores. A fin de que se instale un monitoreo efectivo y continuo para evaluar el impacto del PCI proponen la incorporación de elementos participativos. En ese sentido, no solo se sugiere la implantación de dispositivos automáticos, sino también la retroalimentación provista por los miembros de las unidades familiares. En casi todos los casos, el tono de las recomendaciones es normativo.

El estudio realizado en conjunto por la UNSAM, UNIPE y UNTREF ha visibilizado el objetivo concreto de la política y la direccionalidad que se perfila en el PCI: por un lado se buscó revalorizar la escuela pública; luego, garantizar la inclusión digital y ahondar en la perfectibilidad del escenario educativo; también disminuir las brechas sociales, creando sujetos de derecho digitales a través del acceso y la incorporación de TIC; asimismo, fortalecer el rol docente; finalmente, analizar la incorporación de las TIC en los colegios secundarios.

Aunque no todas lo hacen explícitamente, y en algún caso incluso no está entre los resultados de la evaluación (PCI, 2012), las evaluaciones "endógenas" también hacen su aporte al campo de las recomendaciones. Entre los primeros estudios se precisan sugerencias para garantizar la infraestructura –recepción de *netbooks*, acceso a Internet y espacios de consulta permanentes–; la aceptación –abrir consultas a la comunidad, visibilizar usos significativos del recurso, fomentar la concepción del acceso a las TIC como un derecho ciudadano–; la apropiación –mediante el fomento del uso, brindando herramientas y articulando con otras políticas educativas–; y mayor utilización –a través de la creación de espacios de intercambio, orientación e inclusión en planificaciones–. Los pasos sugeridos para el buen funcionamiento del PCI son progresivos, a pesar de que la estrategia y escala hayan sido revolucionarias.

En relación con las familias, la evaluación de la UNTREF destaca entre sus recomendaciones:

> Desde la perspectiva de las familias, las redes pueden ayudar a que los padres y otros miembros del grupo familiar (ej. abuelos) conozcan lo que pueden hacer con las computadoras. En este sentido, una forma de llevarlo a la práctica sería a través de una red de familias para una escuela o un grupo de escuelas (UNTREF, 2011: 39).

Así, este informe subraya, entre los usos familiares que habría que promover desde el PCI: su potencialidad comunicativa y también en términos de servicios, formación y cuidado. En el plano de lo comunitario, se sugieren evaluaciones participativas que apunten a fomentar las redes existentes:

> A nivel comunitario existe una amplia experiencia con redes comunitarias que articulan la acción ciudadana para diversos fines: (i) participación política, (ii) tablones de empleo, (iii) mercados de compraventa, (iv) intercambios de libros, útiles deportivos, películas, herramientas, etc., (v) comunicación entre personas mayores, (vi) comunicación entre personas y familias con discapacidad, (vii) actividades al aire libre y culturales, etc. En este sentido, se podrían emplear telecentros comunitarios como catalizadores de estas redes, y al contar con computadoras en cada casa y el acceso a Internet, esto estimularía significativamente la participación. Aun más, es posible comenzar a visualizar una comunidad mucho mayor: la Comunidad Conectar Igualdad, en la que participaría cualquier persona o entidad involucrada en el programa, estudiantes, familiares, docentes, administradores, etc. Una comunidad potencialmente tan amplia tendría múltiples niveles y espacios; una comunidad de estas dimensiones, activada y articulada en red, y vinculada desde lo educativo/afectivo, puede aportar a la mejora en el modelo de educación en el país (UNTREF, 2011: 40).

En síntesis, la mayoría de las recomendaciones retoman y recuperan los hallazgos de los trabajos de investigación y evaluación. No obstante, el foco está puesto en el reconocimiento de las demandas y falencias observadas en el plano de la logística, la infraestructura, la capacitación, la indefinición o caducidad de los roles tradicionales del cuerpo docente, la necesidad de fomentar nuevas articulaciones, la heterogeneidad regional y geográfica y la transformación de las prácticas culturales cristalizadas tras años de aplicación. Este abordaje, entonces, pone en un grado de menor importancia –o directamente fuera– las recomendaciones respecto del impacto entre familias y comunidades. Lejos de pretender ocultar las contradicciones o dificultades, todas las evaluaciones realizadas han buscado subrayarlas, a fin de poder transformar las situaciones negativas. Desde la instrumentación de la aceptación, apropiación y utilización hasta la construcción del derecho ciudadano que sostiene los fundamentos más filosóficos del programa en tanto herramienta de política social e inclusiva, el PCI ha sostenido una ética comprometida con su entorno y ha logrado ser consecuente con su propósito hasta el final. La escuela pública ha logrado ser revalorizada y la brecha social, reducida.

3. Conclusiones

Las evaluaciones relevadas en este capítulo han sido solicitadas o realizadas por diferentes entes gubernamentales involucrados en la gestión del PCI, a fin de comprender las transformaciones que este programa suscitó entre su población objetivo y poder ajustar las sucesivas etapas en función de las necesidades y demandas de las voces de los protagonistas.

Los distintos estudios parten, de modo dispar, desde distintas perspectivas y lugares de enunciación, desde donde se propusieron evaluar el accionar del PCI en tanto política pública. En todos ellos es posible identificar una recurrencia: comienzan por enunciar y examinar los objetivos formales que se proponía el programa en su etapa de diseño y luego van en búsqueda de la adecuación, resultados, coherencia, de esos objetivos sobre la ejecución y el "impacto" en las realidades escolares. Así, los diferentes análisis del PCI revisados parten de su formulación y le agregan un análisis coyuntural que vislumbra las tramas escolares en que concreta la implementación.

Asimismo, los estudios relevados en este capítulo trazan un análisis del PCI como política pública, de modo que las diferentes acepciones que hemos observado sobre el *impacto* apuntan a evaluar transformaciones que permitan observar las implementaciones, transformar las falencias y continuar con el proceso de inserción de las tecnologías en el ámbito educativo. En este marco, son pocas las evaluaciones que deciden abrir su rango de observación hasta las prácticas familiares, más allá de que todas coinciden en la importancia de su función en accesibilidad al recurso y política que fomenta la inclusión social.

A su vez, es importante señalar que las producciones académicas que formaron parte de estas evaluaciones contaron con plena libertad para definir sus enfoques y diseño de investigación. Debido a que buscó registrarse, desde una perspectiva holista, el grado de inserción del recurso en lo cotidiano, ha primado la tendencia de trabajos de corte cualitativo y las técnicas de observación etnográfica –multisituada– y entrevistas en profundidad. Entre los hallazgos se vislumbran cambios en las esferas pedagógica, institucional y social; todas reacciones diferenciadas territorialmente. Como resultado, se ha consolidado un reconocimiento y visibilización de las demandas y falencias observadas en planos tan diversos como el de la logística, la infraestructura, la capacitación, los roles del cuerpo docente, las articulaciones entre actores, la heterogeneidad regional y geográfica, así como también de la cristalización de prácticas educativas. Lejos de pretender ocultar las contradicciones o dificultades, las recomendaciones se escalan desde los primeros pasos tendientes hacia la instrumentación de la aceptación, apropiación y utilización de las *netbooks* por parte de la comunidad educativa, hasta la consolidación del PCI como un derecho ciudadano.

4. Bibliografía

Bibliografía del corpus de investigación

Ministerio de Educación (PCI) (2015). *Cambios y continuidades en la escuela secundaria: la universidad pública conectando miradas. Estudios evaluativos sobre el Programa Conectar Igualdad. Segunda etapa*. Buenos Aires.

Ministerio de Educación (PCI) (2012). *Historias uno a uno. Imágenes y Testimonios de Conectar Igualdad*. Buenos Aires.

Ministerio de Educación (PCI) (2011a). *Informe de avance de resultados 2010. Evaluación y seguimiento del PCI*. Buenos Aires.

Ministerio de Educación (PCI) (2011b). *Nuevas voces, nuevos escenarios: estudios evaluativos sobre el Programa Conectar Igualdad*. Buenos Aires.

Ministerio de Educación de Nación (PCI) (2011c). *Seguimiento y evaluación: Estudios especiales. Informes ejecutivos. Encuentro de presentación de informes de investigación*. UNSAM, UNTREF, UNIPE. Buenos Aires.

Universidad Nacional de Rosario (UNR) (2011). *Estudios Evaluativos del Programa Conectar-Igualdad*. UNR. Rosario.

Universidad Nacional de Tres de Febrero (UNTREF) (2011). "Informe Ejecutivo IV. Marco teórico y propuesta de evaluación del impacto del modelo 1 a 1 en los grupos familiares". UNTREF. Buenos Aires.

Bibliografía del universo de evaluaciones relevadas

Ministerio de Educación de la Nación (PCI) (2012). "Panorama regional de estrategias Uno a Uno. América Latina + el caso de Argentina". Buenos Aires.

Ministerio de Educación (PCI). "Seguimiento y evaluación. Estudios especiales". Informe Final:

Proyecto "Jóvenes Cronistas Populares". Facultad de Periodismo y Comunicación Social. UNLP.
Ministerio de Educación (PCI) (s/f). *Informe Ejecutivo I: Consumos culturales digitales de los jóvenes entre 13 y 18 años.* UNSAM. Buenos Aires.
Ministerio de Educación (PCI) (s/f). *Informe Ejecutivo II: Organizaciones no gubernamentales (ONG) que trabajan en el ámbito de las TIC con escuelas públicas argentinas*. UNSAM. Buenos Aires.
Ministerio de Educación (PCI) (s/f). *Informe Ejecutivo III: Experiencias y estado del arte en cuanto a la digitalización de la Gestión Escolar.* UNTREF. Buenos Aires.
Ministerio de Educación (PCI) (s/f). *Informe Ejecutivo IV: Marco teórico y propuesta de evaluación del impacto del modelo 1 a 1 en los grupos familiares.* UNTREF. Buenos Aires.
Ministerio de Educación (PCI) (s/f). *Informe Ejecutivo V: Circuitos paralelos de producción y sus derivaciones sociales, culturales, económicas y pedagógicas: la investigación académica, el mercado laboral y el mercado de tecnología informática.* UNTREF. Buenos Aires.
Ministerio de Educación (PCI) (s/f). *Informe Ejecutivo VI: Estado del Arte de la Incorporación de TIC en la Educación Especial.* Universidad Pedagógica. Buenos Aires.
Ministerio de Educación (PCI) (s/f). *Informe Ejecutivo VI: Marco conceptual/teórico y metodológico de la evaluación de impacto en los aprendizajes de los estudiantes en un modelo 1 a 1.* Universidad Pedagógica. Buenos Aires.
Ministerio de Educación (PCI) (s/f). *Informe Ejecutivo VII: Entornos virtuales de aprendizaje utilizados para la enseñanza en profesorados y universidades nacionales.* Universidad Pedagógica. Buenos Aires.

Bibliografía general

Dussel, Inés (2014). "Programas educativos de inclusión digital. Una reflexión desde la Teoría del Actor en Red sobre la experiencia del Programa Conectar-Igualdad (Argentina)". Centro de Investigación y de Estudios Avanzados del Instituto Politécnico Nacional. México.

Herrera, Ana María y Martín Aragón (2011). "La escuela digital en San Luis". En *Argonautas* N° 1. Universidad Nacional de San Luis. Disponible en goo.gl/SDU2Tt (última visita: 18 de abril de 2016).

UNIPE, OEI, PCI (2011). "Investigación sobre entornos virtuales de aprendizaje utilizados para la enseñanza en profesorados y universidades nacionales". La Plata. Disponible en https://goo.gl/qNMlzG (última visita: 18 de abril de 2016).

Urresti, Alejandro (2008). *Ciberculturas juveniles*. La Crujía. Buenos Aires.

Vacchieri, Ariana (2013). "Las políticas TIC en los sistemas educativos de América Latina: CASO ARGENTINA". UNICEF. Buenos Aires. Disponible en https://goo.gl/75SPdq (última visita: 18 de abril de 2016).

Capítulo 3

Estudios sobre el Plan Ceibal de Uruguay: trayectorias evaluativas en torno a una experiencia pionera

SEBASTIÁN BENÍTEZ LARGHI

1. Introducción: el Plan Ceibal y su universo de evaluaciones

En el presente capítulo se analizan los principales estudios y evaluaciones dedicadas a la experiencia pionera de modelos Uno a Uno en Latinoamérica: el Plan Ceibal de la República Oriental del Uruguay. Para ello se indagan tanto los actores intervinientes como las perspectivas epistemológicas y marcos teórico metodológicos presentes en aquellos trabajos. Luego de describir el universo de evaluaciones que toman al Plan Ceibal como objeto de estudio identificando actores e instituciones intervinientes, estrategias de abordaje y métodos predominantes, se recorta el corpus de análisis y se revisa la articulación existente entre interrogantes y objetivos de investigación, conceptos y categorías de análisis, estrategias metodológicas adoptadas y hallazgos y recomendaciones propuestas en los principales estudios seleccionados. A modo de conclusión, se sintetizan las trayectorias de evaluación en torno al Plan Ceibal.

El Plan Ceibal comenzó a fines del año 2006 con el objetivo de dotar de una computadora portátil a todos los niños y maestros de las escuelas primarias públicas del Uruguay. La implementación se realizó en cuatro etapas: en 2007 se entregaron las *netbooks* XO en el departamento de Florida, en 2008 el plan comenzó a expandirse a los demás departamentos del interior y en 2009 llegó a la capital, Montevideo. El Plan Ceibal es desarrollado conjuntamente por el Ministerio de Educación y Cultura (MEC), la Administración Nacional de Telecomunicaciones (ANTEL), la Administración Nacional de Educación Pública (ANEP) y el Laboratorio Tecnológico del Uruguay (LATU). A nivel nacional, el plan forma parte del Programa de Equidad para el Acceso a la Información Digital (PEAID) y, a nivel internacional, toma como referencia las iniciativas llevadas adelante por la organización One Laptop per Child (OLPC). Si bien en un primer momento el plan contemplaba la entrega de *netbooks* de tipo XO únicamente en las escuelas primarias, en los últimos años se ha comenzado a abarcar el nivel secundario y se ha incorporado la entrega de otro tipo de *hardware*, como las tabletas.

Dado su carácter pionero en América Latina, el Plan Ceibal ya muestra una larga trayectoria de evaluaciones. Cabe destacar que el propio Plan Ceibal ha previsto la creación de un Departamento de Evaluación y Monitoreo, desde donde se lleva a cabo el seguimiento del plan y se realizan distinto tipo de evaluaciones.

Durante la investigación se han recuperado al menos diez trabajos oficiales. Algunos de estos son informes de monitoreo periódico que se hacen sobre el plan (por ejemplo el llamado *Ceibalómetro*, que mide diferentes indicadores cuantitativos sobre los alcances y logros del Ceibal). Otros estudios son el resultado de financiamientos obtenidos mediante concursos o a través de consorcios entre instituciones académicas nacionales (como la Universidad de la República y la Universidad Católica de Uruguay), internacionales (como IDRC) o con el Programa de las Naciones Unidas para el Desarrollo (PNUD).

No obstante la amplia gama de evaluaciones existentes, particularmente sobre el impacto en el aula y en el aprendizaje, nuestro estudio recupera cómo en dichos estudios aparecen los padres, familias, adultos o comunidades. Por lo tanto, el corpus de análisis fue seleccionado en pos de indagar los modos en que las familias y sus vínculos con la tecnología son recortados y conceptualizados por las evaluaciones. En este sentido, las reflexiones aquí señaladas se refieren a este punto exclusivamente y no resultan generalizables a todas las evaluaciones del Plan Ceibal.

En el siguiente cuadro se presentan los datos principales de los trabajos relevados que conforman el universo de estudio de nuestra investigación.

Año	Título	Autor/es	Instituciones intervinientes	Objetivos	Metodología
2008	OLPC (Una Computadora por Niño), análisis de la implementación de pilotos	S. González Mujica	IDRC-CRDI	Identificar las causas del bajo empleo de la red del Portal de Conectividad Educativa	Cuantitativa y cualitativa
2009	Monitoreo y evaluación de impacto social del Plan Ceibal. Metodología y primeros resultados a nivel nacional	A. Martínez, S. Alonso y D. Díaz	Plan Ceibal	Medir impactos del Plan Ceibal en las principales poblaciones beneficiarias: niños, familias, docentes y la sociedad en general	Cuantitativa y cualitativa

2010	El impacto del Plan Ceibal en el acceso y uso de TIC	Departamento de Evaluación y Monitoreo	Plan Ceibal	Medir impacto del ceibal en la reducción de la brecha digital y otras brechas sociales y en la inclusión social	Cuantitativa
2012	Buenas prácticas de la comunidad Ceibal	L. Bianchi y S. Laborde	Plan Ceibal y PNUD	Generar y sistematizar información sobre las experiencias innovadoras vinculadas al Plan Ceibal fuera de la escuela	Cualitativa
2013	"Contribución del Plan Ceibal a la reducción de la brecha digital y a la inclusión digital", en *Plan Ceibal e inclusión digital. Perspectivas interdisciplinarias*	L. Pittaluga y A. Rivoir	Universidad de la República y Observatic	Conocer los cambios en los comportamientos de los integrantes de los hogares afectados por el Plan Ceibal y sus comunidades	Cuantitativa y cualitativa

2013	Profundizando en los efectos del Plan Ceibal	G. Melo, A. Machado, A. Miranda y M. Viera	Universidad de la República de Uruguay y CIDE de México	Medir el impacto del Plan Ceibal en los resultados académicos en matemática y lectura	Cuantitativa
2014	Evaluación Anual en Primaria – 2013	Departamento de Evaluación y Monitoreo	Plan Ceibal	Medir si el Plan Ceibal logra los objetivos de reducción de la brecha digital y conocer el nivel de dominio de las TIC	Cuantitativa
2014	La experiencia de apropiación de las computadoras XO en las familias y comunidades beneficiarias del Plan CEIBAL	Rosalía Winocur y Rosario Sánchez Vilela	Universidad Católica del Uruguay y Universidad Autónoma Metropolitana de México	Comprender y evidenciar la perspectiva desde la cual los sujetos viven y comprenden su relación con la tecnología, especialmente entre las familias de menores recursos	Cualitativa
2014	Evolución de la brecha de acceso a TIC en Uruguay (2007-2013)	Departamento de Evaluación y Monitoreo	Plan Ceibal	Medir el impacto del Plan Ceibal en la reducción de la brecha digital	Cuantitativa

S/D	Ceibalómetro 6 años	Departamento de Evaluación y Monitoreo	Plan Ceibal	Medir el impacto del Plan Ceibal en la reducción de la brecha digital	Cuantitativa

En líneas generales, las evaluaciones consisten en estudios descriptivos, en algunos casos directamente exploratorios, que tienden a realizar un monitoreo y diagnóstico del Plan ceibal. Esta naturaleza descriptiva se observa en la formulación de los interrogantes y, en consecuencia, en la presentación de los resultados.

La gran mayoría plantea una "evaluación" de los programas, con toda la carga que este término conlleva. Solo en pocos casos se presenta el estudio como una "investigación". Los marcos epistémico, teórico, metodológico por lo general no aparecen explicitados. Esto tiende a reforzar la naturaleza descriptiva de los estudios. Especialmente, se observa una falta de definición de las categorías de análisis. Más bien, se plantean algunas dimensiones y variables –a veces contradictorias entre sí en términos teóricos– y un conjunto de indicadores para relevarlas. Dentro de las categorías de análisis, se observa una clara tendencia al uso de las nociones de impacto, efectos, influencias aplicadas a medir los supuestos cambios y transformaciones que la implementación de los modelos Uno a Uno traería aparejados.

La mayoría de los estudios que pudimos relevar son de corte cuantitativo, y generalmente tienen como objetivo principal medir el impacto del Plan Ceibal en la reducción de la brecha digital en el Uruguay. Otros trabajos combinan estrategias cuantitativas y cualitativas y pocos son de neto corte cualitativo.

Dentro de este universo de estudio, se procedió a construir el corpus de análisis conformado por cuatro evaluaciones tomando como criterios de selección el objeto de estudio (esto es que estuvieran enfocados en evaluar el alcance del Plan Ceibal en las familias y las comunidades), la relevancia, la etapa del Ceibal en que fue producida la investigación y la diversidad metodológica.

De este modo se seleccionaron las evaluaciones llevadas a cabo por el propio Plan Ceibal como el "Primer informe nacional de monitoreo y evaluación de impacto social del Plan Ceibal, 2009", coordinado por Ana Laura Martínez, o como el trabajo "Buenas prácticas de la comunidad Ceibal (2010-2011)", dirigido por otra de sus coordinadoras, Laura Bianchi, junto al PNUD; otra realizada por la Universidad de la República, bajo la coordinación de Ana Rivoir, y la más reciente, desarrollada por el equipo dirigido por Rosalía Winocur a través de un concurso público del Plan Ceibal. Estos cuatro trabajos conformarán el corpus de análisis.

El informe de Martínez et al. (2009) constituye el primer esfuerzo del Plan Ceibal por evaluarse a sí mismo en un momento donde la práctica iba cambiando los propósitos y prioridades. Por ello, debe destacarse que sus hallazgos han fundado una base de conocimiento tanto para su asimilación por el propio plan como para el diseño de las nuevas modalidades de evaluación que lo sucedieron. El estudio tiene como objetivo general "describir en qué medida el Plan Ceibal contribuye a la reducción de la brecha digital y a la promoción de la inclusión digital" (Martínez et al., 2009: 16). Para ello busca mostrar cómo funciona su implementación y detectar las principales áreas de impacto del Ceibal. La estrategia de la investigación es exploratoria y descriptiva utilizando técnicas cuantitativas y cualitativas. En cuanto a los instrumentos, el informe se basa principalmente en una encuesta representativa a nivel nacional, realizada en junio de 2009, que fue aplicada a directores, maestros, niños y familias, tanto en el interior (con implementación del Plan Ceibal a la fecha del relevamiento) como de Montevideo (sin implementación de Ceibal).

El libro publicado por Bianchi y Laborde (2012) es un manual de "buenas prácticas" elaborado a partir de la evaluación de experiencias innovadoras vinculadas al Plan Ceibal que han tenido impactos sociales y económicos, fuera y dentro de la escuela. Este tipo de publicaciones es un recurso bastante frecuente en las evaluaciones de políticas públicas. Debido a la participación del PNUD en el estudio, es probable que la perspectiva de las "buenas prácticas" haya sido inspirada en las propuestas de los organismos multilaterales.

El libro *Plan Ceibal e inclusión social* coordinado por Ana Rivoir amplía el campo de la evaluación, abordando: a) el impacto cuantitativo del Ceibal en la educación (medido con un estudio "antes y después"); b) los efectos del uso de la XO en el desarrollo de las habilidades cognitivas y lingüísticas de los niños y su incidencia en el aprendizaje escolar, y c) su contribución a la inclusión social a través del conocimiento de qué tipo de usos realizan y la apropiación de la computadora de Plan Ceibal (combinando técnicas cuantitativas y cualitativas). Es el capítulo sobre este último punto, escrito por Pittaluga y Rivoir (2013) y titulado "Contribución del Plan Ceibal a la reducción de la brecha digital y a la inclusión digital", el que formó parte del corpus de nuestra investigación.

El informe de investigación llevada a cabo por Winocur y Vilela (2014) tiene como característica distintiva que puso el acento en que las personas entrevistadas hablaran de su experiencia a partir de sus propios recursos simbólicos y biográficos, sin guiones preestablecidos y sin buscar explícitamente que los usuarios describieran sus desempeños con las XO dentro y fuera del hogar. Winocur y Vilela buscaron comprender y evidenciar la perspectiva desde la cual los sujetos viven y comprenden su relación con la tecnología y, al mismo tiempo, aportar a la construcción de indicadores cualitativos para evaluar este tipo de políticas públicas.

2. Modos y formatos de evaluación en el corpus de investigación: ¿qué, cómo y para qué?

En esta sección, se analizan –formulados como interrogantes– los principales rasgos epistemológicos, teóricos y metodológicos y los hallazgos de las evaluaciones que forman parte del corpus.

¿Quiénes evalúan y por qué se los elige?

En el corpus de evaluaciones del Plan Ceibal se registra una trayectoria donde los primeros estudios son encarados por el Departamento de Evaluación y Monitoreo del propio plan, y van dejando lugar al ingreso de otros actores, como las Universidades y equipos de investigación conformados por expertos. Esta transición e incorporación de nuevos actores se ve reflejada tanto en los objetivos como en los marcos teórico-metodológicos desde donde parte cada uno de los trabajos. Así, mientras las primeras evaluaciones, por ejemplo la de Martínez et al. (2009), responden directamente a las preocupaciones iniciales por monitorear el impacto de la política pública en la inclusión digital, las evaluaciones más recientes (Pittaluga y Rivoir, 2013; Winocur y Vilela, 2014) evidencian otras preocupaciones por reconstruir las experiencias familiares y comunitarias de apropiación de las XO. En este sentido, podría pensarse que cuando la institución que demanda el estudio –en este caso el propio Plan Ceibal– también es la encargada de llevarlo adelante, la preocupación por medir el impacto de la política y la consecución o no de sus objetivos delinea con fuerza los propósitos, interrogantes y perspectivas de investigación. En cambio, cuando la investigación es encargada por vía de concursos públicos y entran en juego otros actores académicos, se abre un campo con cierto margen de autonomía epistemológica, teórica y metodológica. Entonces parecieran jugar dos factores determinantes en los paradigmas y modelos evaluativos: el tiempo transcurrido desde la implementación de la política y el ingreso de actores externos como agentes de evaluación de la misma. Asimismo, el ámbito de evaluación pareciera incidir en el marco conceptual de los estudios. En los casos de Martínez et al. (2009) y Bianchi y Laborde (2012), dos estudios llevados adelante directamente por el propio equipo de evaluación del Plan Ceibal, se observan conceptos e intereses promovidos por los organismos y agencias internacionales que financian o financiaron el Plan Ceibal. Por ejemplo, en el caso de Martínez et al (2009), si bien no aparece explícito quién solicita y financia la evaluación por detrás del Estado uruguayo, al mencionar algunas dimensiones de la evaluación se deja entrever, sin embargo, el peso de las instituciones internacionales al marcar ciertos indicadores de evaluación:

> Si bien el modelo de evaluación y monitoreo se centra en los objetivos del proyecto, se relevan asimismo resultados e impactos indirectos y no buscados, tal como lo indican las recomendaciones internacionales al respecto (IAIA: 2004, entre otros) (Martínez et al., 2009: 15).

De este modo, se reconoce una diferencia en la perspectiva y el diseño de la evaluación dependiendo del ámbito en el que los estudios se inscriben y de los actores intervinientes.

¿Qué objetivos, interrogantes e hipótesis se señalan para realizar cada evaluación?

La trayectoria señalada se ve reflejada también en la formulación de objetivos e interrogantes. En este caso, el derrotero va de planteos plenamente exploratorios y descriptivos hacia modelos explicativos y comprensivos de las realidades de apropiación de las TIC. De este modo, se observa un esquema acumulativo de conocimientos: las nuevas investigaciones reconocen y recuperan los resultados de sus antecedentes y proponen miradas e interrogantes más complejos. Verbos como describir, relevar, conocer y diagnosticar utilizados en los primeros trabajos van cediendo frente a términos como indagar, comprender, reconstruir, contraponer.

Por ejemplo, el objetivo general del trabajo pionero de Martínez et al. está dedicado a "describir en qué medida el plan Ceibal contribuye a la reducción de la brecha digital y a la promoción de la inclusión digital" (Martínez et al., 2009: 16). El carácter descriptivo de los objetivos del trabajo tiene su correlato en los interrogantes de investigación planteados: todos con el mismo sentido, se preguntan en qué medida las XO transforman distintos aspectos de la vida escolar y familiar de los beneficiarios.

El estudio de Bianchi y Laborde (2012) da un paso más en relación con los efectos del Plan Ceibal. Más allá del alcance de las metas propuestas por la política pública, "esta investigación se origina con el objetivo de indagar sobre aquellos derrames o impactos generales en tanto resultados positivos o negativos y por lo general contingentes al sistema referente (Plan Ceibal)" (Bianchi y Laborde, 2012: 17). Las autoras entienden por derrame aquellos "efectos secundarios" de la política, mientras que por impacto aluden a la finalidad de un proyecto que genera cambios en el ambiente. Así, como problema y objetivo general de investigación, el trabajo plantea:

> Problema de investigación: indagar sobre el impacto (externalidades) a nivel comunitario del ingreso de las XO a la vida familiar y el acceso a la conectividad gratuita, identificando prácticas y resultados que hayan generado y ampliado oportunidades para el aprovechamiento de estas tecnologías en la mejora de la calidad de vida de los involucrados (actores).
>
> Objetivo general: generar y sistematizar información sobre las experiencias innovadoras vinculadas al Plan que han tenido impactos sociales y económicos, fuera del aula y de la escuela, entendidas como buenas prácticas en una perspectiva

de desarrollo humano y comunitario, en tanto son sostenidas a través de una red de intercambio y contención ente los actores involucrados (Bianchi y Laborde, 2012: 18).

El trabajo de Pittaluga y Rivoir (2013) se propone avanzar todavía más respecto al monitoreo descriptivo aunque se evidencian algunas tensiones entre objetivos e interrogantes. Por un lado, los objetivos explícitos de la investigación apuntan a "generar conocimiento original en torno a los *efectos* del programa a nivel de los hogares y la comunidad" y "plantear la medida en que el Plan Ceibal está reduciendo la brecha digital, relevando los indicios que dan cuenta de si se están reduciendo, además, otras brechas sociales, *generando* así procesos de inclusión social" (Pittaluga y Rivoir, 2013: 51; el subrayado es nuestro). Sin embargo, por otro lado, los interrogantes de investigación ponen el foco en la capacidad de apropiación de los actores:

> ¿Cuál fue la incidencia de factores como el nivel socioeconómico, cultural y educativo; las características de los usuarios de edad, género y el lugar en el que viven (urbano o rural); la interrelación con otras desigualdades o brechas de desarrollo (ingresos, territoriales, educativas, etcétera); la capacidad de apropiación de las tecnologías para el desarrollo que tiene que ver con los aspectos subjetivos de cómo visualizan la tecnología los individuos y su potencialidad para el desarrollo individual; los distintos tipos de uso (uso con sentido) y grado de apropiación de la computadora portátil, tanto individual como colectivo, y la apropiación respecto al nivel sociocultural de las personas? (Pittaluga y Rivoir, 2013: 51).

De este modo, mientras que los objetivos parecieran responder a un paradigma positivista basado en un modelo explicativo, los interrogantes dan cuenta de un paradigma preocupado más por indagar la percepción de los sujetos acerca de sus prácticas.

El trabajo de Winocur y Vilela (2014) busca escapar a aquella tensión ya que desde el mismo momento de concursar el proyecto se estableció que el objetivo general buscaría "reconstruir las experiencias de apropiación de las XO en las familias de menores recursos beneficiarias del Plan Ceibal y sus entornos comunitarios" (Winocur y Vilela, 2014: 2). De este modo, se asume desde un primer momento la complejidad del vínculo entre tecnología, sujeto y cambio social tal como se corrobora al recorrer los presupuestos e hipótesis que guían la investigación:

> Establecer cuál es la forma de usar, apropiar y socializar la XO entre las familias pasa no solo por monitorear las condiciones de acceso, la adquisición de habilidades informáticas y el desarrollo de competencias, sino por la exploración de imaginarios y racionalidades culturales muchas veces contradictorios con la racionalidad científico-tecnológica que proponen explícita o implícitamente los programas oficiales de desarrollo digital (Winocur y Vilela, 2014: 1).

¿Qué marco epistemológico, teórico y metodológico se define y qué perspectivas disciplinarias y referencias bibliográficas se citan para respaldar modelos, conceptos, categorías, metodología y estrategias de análisis utilizados?

Respecto a la explicitación de marcos epistémico-teórico-metodológicos, en los trabajos del corpus se observa la misma trayectoria señalada en el punto anterior. En el estudio primario de Martínez et al. (2009) no se observa tal explicitación. Luego, los trabajos de Bianchi y Laborde (2012) y Pittaluga y Rivoir (2013) dedican sendas secciones para definir los conceptos clave. Finalmente, el trabajo de Winocur y Vilela (2014) no solo desarrolla aquellas definiciones sino que también destina un espacio significativo para reflexionar sobre la perspectiva epistemológica desde la que parte el estudio y cómo ella incide en su marco teórico y diseño metodológico.

Para comenzar, debe señalarse una profunda diferencia epistemológica entre los estudios relevados. Esto es, la perspectiva desde la cual se construye el conocimiento difiere notablemente en los textos de Martínez et al. (2009) y de

Bianchi y Laborde (2012), por un lado, y los de Pittaluga y Rivoir (2013) y de Winocur y Vilela (2014), por el otro. En los primeros, el conocimiento se produce tomando a la política pública como centro. Se evalúa el impacto y los efectos (ya sean primarios o secundarios) del Plan Ceibal en las familias y las comunidades y se seleccionan los "casos exitosos" para detectar "buenas prácticas". El centro de gravedad está siempre puesto en la capacidad de impacto de la política sobre las poblaciones beneficiarias. Por lo tanto, el saber alcanzado por estos estudios radica en conocer cuánto se cumplieron o no dichos objetivos (en el caso de Martínez et al., 2009) mientras que aquellos hallazgos que escapan a la lógica de la política son conceptualizados (en el caso de Bianchi y Laborde, 2012) como "derrames": "entendidos como efectos secundarios de una actividad, los que en economía son tomados como gastos o beneficios no controlados por los que los incurren y que no están reflejados en los precios" (Bianchi y Laborde, 2012: 17). En los segundos, en cambio, el conocimiento se construye a partir de los relatos de los propios actores beneficiarios y lo que se busca comprender son los sentidos que el Plan Ceibal en general y las XO en particular adquieren en sus vidas cotidianas.

La perspectiva epistemológica va de la mano de los conceptos, categorías y dimensiones teóricas utilizados. En este sentido, se evidencia una trayectoria en el marco teórico de los estudios del corpus cuya dirección va en un grado de abstracción creciente y un determinismo tecnológico decreciente. Es decir, a medida que avanzan los trabajos, la complejidad analítica de los hallazgos es mayor y el centro teórico sobre los vínculos entre tecnología y sujeto se desplaza desde las TIC hacia los actores sociales. Las definiciones y alcances de la noción de apropiación ilustran cabalmente esta trayectoria.

En los orígenes, subyace una visión determinista de la tecnología. El trabajo de Martínez et al. (2009) constituye el ejemplo más claro. Su marco teórico metodológico obedece a la concepción que se tiene de la propia política pública y de sus condiciones de recepción. Así el concepto clave es el de impacto: planteados ciertos objetivos, la evaluación busca medir si ellos se han cumplido o no y, en este último caso, determinar las razones de su incumplimiento. De este modo, el trabajo contribuye con creces a la necesaria contabilidad que la política debe darse a sí misma midiendo el rendimiento de sus acciones. Ahora bien, esta necesidad se traduce en una concepción determinada del vínculo entre tecnología y cambio social: lo que se busca medir es el impacto de las TIC en los sujetos, a quienes se los evalúa y mide para determinar cuánto hacen de lo que el plan espera de ellos. En el mismo sentido, el estudio habla de que este tipo de políticas consiste en "medidas que apunten al aumento de las capacidades de los ciudadanos para beneficiarse de su uso" (Martínez, et al., 2009: 11). Así, la tecnología es concebida en tanto objeto capaz de brindar un conjunto determinado de beneficios que emanarían de sus cualidades técnicas, frente a lo cual lo que deben hacer las políticas públicas es capacitar a la población para que pueda acceder y aprovechar esos beneficios.

La cuestión teórica se complejiza con el correr de los capítulos ya que el trabajo muestra interés por matizar una visión centrada en la tecnología mediante el uso de

> conceptos relevantes en este sentido, que permiten considerar la multi-dimensionalidad del problema, así como las características y necesidades de los sujetos, son los de inclusión digital y uso significativo (frecuentemente traducido como "uso con sentido"). Este tipo de uso implica conocer los medios (en particular, aunque no exclusivamente, internet) y saber cuándo y cuáles usar al servicio de objetivos individuales o colectivos (Martínez et al., 2009: 11).

Sin embargo, los conceptos de "uso con sentido" y "uso significativo" no son llevados a su extremo sino que la noción de impacto predomina a lo largo de todo el informe. Por ejemplo, en el capítulo 6 nos encontramos con el siguiente subtítulo: "Indicadores del impacto del acceso al nuevo recurso en la movilización de capital social" (Martínez et al., 2009: 42). Claramente aquí se presupone que la tecnología tiene impacto sobre el capital social de los niños y sus familias. Lo mismo sucede en el capítulo 7, donde se habla directamente del "impacto a nivel subjetivo" de las XO midiendo para ello los cambios reportados (por los propios alumnos y/o sus madres) en el comportamiento, actitudes y motivación de los niños. Empero, en otros pasajes, la capacidad de agencia de los niños es reconocida en el informe al interpretar los fines de los usos:

> para los niños, el uso de computadoras y la conexión a internet implica la posibilidad de *apropiarse del mundo desde su perspectiva*, ya que la computadora les ofrece mediante las diferentes aplicaciones, crear animaciones, programar, leer, sacar fotos, dibujar, filmar, es decir, modelar su mundo y proveer a la computadora de sentido para sí mismos, dentro de su entorno cultural (Martínez et al., 2009: 45; el subrayado es nuestro).

De todos modos, llama la atención que este sentido de la apropiación aparezca justamente cuando se habla de usos no escolares o educativos. De esta forma, existe una aproximación al concepto de apropiación pero no una clara definición teórica metodológica sobre sus alcances y limitaciones. La cita anterior demuestra que el marco teórico implícito en el informe entiende la apropiación simplemente como el mero para qué se utiliza la XO sin ahondar en las representaciones y significados que las actividades y finalidades adquieren según el sector social y el género, como si el uso lúdico del tiempo libre o la práctica de la fotografía colectiva adquirieran el mismo sentido tanto para las clases medias-altas como para las clases populares, para las mujeres como para los varones, para los hogares urbanos como para los hogares rurales.

El libro de Bianchi y Laborde (2012) avanza en términos de abstracción y complejidad teórico-metodológica. En términos conceptuales, se propone ir más allá de una definición crítica de la brecha digital para adentrarse en los procesos de apropiación de la tecnología.

En definitiva, los niveles de acceso y uso de las TIC no podrían ser los únicos valores a tener en cuenta como medida del impacto sobre la desigualdad digital. Las condicionantes individuales, sociales e institucionales dan lugar a capacidades de transformación de estos recursos en forma diferente, y por lo tanto de alguna manera limitan la elección y, por ende, los logros. Si esa limitación está dada por la desigualdad en las condiciones iniciales de logro, aun accediendo a ciertos resultados, continúa persistiendo la desigualdad. Por tanto, se vuelve central no solo observar el proceso de apropiación a través del acceso a diversas tecnologías y usos en diferentes contextos, sino los logros alcanzados a través de la capacidad de transformación de los recursos de los que cada sujeto dispone (Bianchi y Laborde, 2012: 30).

Este avance implica una visión descentrada de la tecnología, superando visiones meramente instrumentales y comprendiendo las mediaciones técnicas y sociales que la constituyen: "en este sentido, analizaremos las cualidades de la tecnología como objeto técnico y como objeto social (incluyendo los fenómenos de la información y la comunicación)" (Bianchi y Laborde, 2012: 30). Ahora bien, cabe cuestionarse hasta qué punto el estudio logra desprenderse de la lógica impuesta por las agencias y organismos internacionales a las evaluaciones de impacto de las políticas públicas. En tanto se concibe a las "buenas prácticas" como "derrames o impactos generales en tanto resultados positivos o negativos y por lo general contingentes al sistema referente (Plan Ceibal) producto de prácticas espontáneas y de alguna manera no están referidas a una planificación inicial" (Bianchi y Laborde, 2012: 17), queda clara la intención de recuperar las interpretaciones que los actores construyen en torno a la tecnología. Sin embargo, la misma noción de "buenas prácticas" mantiene amarrado el estudio a cierto etnocentrismo ya que los criterios de éxito o fracaso de las prácticas no terminan de desligarse de la racionalidad presupuesta al momento del diseño de la política pública. Es decir, la clasificación de un derrame o efecto inesperado como positivo o negativo parece continuar dependiendo de los preconceptos implícitos desde el diseño mismo de la política.

El capítulo de Pittaluga y Rivoir (2013) asume claramente una perspectiva no determinista de la tecnología ya que pone el foco en los usos y significados dados por los distintos actores. Esta asunción se ve reflejada en la definición de los conceptos centrales del estudio. Así, la noción de brecha digital es entendida de forma "compleja y multidimensional" (Pittaluga y Rivoir, 2013: 51) y no como el mero acceso a las TIC. Por lo tanto, consideran que "sin políticas específicas o con políticas con un sesgo puramente de acceso a la tecnología no habrá efectos sobre el desarrollo ni sobre la inclusión social" (Pittaluga y Rivoir, 2013: 54). Para pensar el vínculo entre tecnología y sujeto, retoman a Castells y otros (2007, citados en Pittaluga y Rivoir, 2013: 54) en relación con el qué, por qué y para qué de los usos de las TIC que hacen distintos actores. "Uso con sentido" y "uso efectivo" se convierten entonces en dos conceptos centrales del estudio. Respecto al primero, las autoras señalan que "el usuario comienza a tener control y elección sobre la tecnología y su contenido. El uso es percibido como útil, productivo, significativo y de relevancia para el individuo" (Pittaluga y Rivoir, 2013: 53). En cuanto al "uso efectivo" de la tecnología,

> implica conocer las herramientas, saber cuándo y cuáles usar, en función de determinados objetivos individuales o colectivos. A tales efectos, es necesario tener estrategias de uso y saber para qué se quiere usar la tecnología. Este tipo de uso está condicionado por la capacidad y posibilidad de producir

contenidos propios, de acceder a información y conocimiento útil y en el propio idioma y tener capacidad para analizar críticamente la información (Pittaluga y Rivoir, 2013: 54-55).

De este modo, producto de la combinación conceptual señalada, la investigación llega a la noción de *Apropiación social de las TIC*: "Si un grupo dispone de las TIC, sabe cómo utilizarlas y las utiliza con un sentido que le permita resolver necesidades o problemas, se habrá producido apropiación social de las TIC" (Pittaluga y Rivoir, 2013: 55). Más allá de que la noción de apropiación presente en el texto contemple solo a aquellos que manejan las TIC como únicos sujetos capaces de apropiárselas, el corpus conceptual manifiesta el esfuerzo por correrse de una investigación centrada en la tecnología como agente del cambio social.

El estudio de Winocur y Vilela (2014) demuestra el mayor grado de abstracción y teorización. Esto se evidencia tanto en dos grandes capítulos dedicados a la explicitación del marco teórico y el estado de la cuestión como en el nivel de reflexión ejercido tanto durante el diseño metodológico como durante el análisis de los datos recabados. En este punto, el concepto de apropiación resulta clave y aparece largamente trabajado tanto en términos teóricos como en cuanto a su operacionalización metodológica. Para ello las autoras recuperan la definición otorgada por Thompson (1998) respecto a la circulación y recepción de mensajes mediáticos para analizar la apropiación de TIC:

> Apropiarse de un mensaje consiste en tomar su contenido significativo y hacerlo propio. Consiste en asimilar el mensaje e incorporarlo a la propia vida, un proceso que a veces tiene lugar sin esfuerzo, y que otras supone un esfuerzo consciente. (…) Nos referimos a un conjunto de circunstancias que, en el caso de los productos mediáticos, difieren de las circunstancias en las que se produjo el mensaje. La apropiación de las formas simbólicas –y en particular, de los mensajes transmitidos por los productos mediáticos– es un proceso

que puede extenderse más allá el contexto inicial y la actividad de recepción (Thompson, 1998: 32; citado en Winocur y Vilela, 2014: 6).

Por consiguiente para el estudio, la apropiación es un proceso, que lejos de ser lineal y acumulativo, está atravesado por sentidos contradictorios (los de los programas y los destinatarios), por prácticas paradójicas (adultos que se mueven con soltura en los exploradores buscando información pero que no saben cómo encender la computadora o llegar al buscador), y resultados erráticos respecto a los objetivos previstos en las políticas de inclusión digital.

Como puede observarse, en este último trabajo el foco está puesto en la experiencia de los sujetos. Lejos de las primeras preocupaciones por el impacto del Plan Ceibal que ubicaba a las TIC determinando cambios en la vida de los beneficiarios, aquí son los sujetos quienes producen apropiaciones prácticas y simbólicas que son significativas en sus propios marcos simbólicos de referencia y que generalmente no son reconocidas por los indicadores de las evaluaciones. Así, la apropiación puede implicar no solo un empoderamiento de los actores sino que el malestar y el rechazo a la tecnología también pueden ser una forma simbólica de apropiación.

¿Qué estrategia metodológica se decide emplear en la evaluación?
¿Qué criterios muestrales o de selección de casos se utilizan?
¿Cómo se definen las unidades de observación y análisis?

El corpus analizado muestra una heterogeneidad en relación con los criterios de selección de las muestras y las unidades de observación y análisis elegidas. Dados nuestros propósitos, los textos que conforman el corpus tienen en común un recorte analítico concentrado en los hogares, las familias y las comunidades. Sin embargo, a la hora de seleccionar la muestra los criterios son divergentes. Veamos uno por uno.

El trabajo de Martínez et al. (2009) define a sus unidades de análisis de acuerdo con los objetivos del propio Plan Ceibal: "las poblaciones a estudiar son múltiples: niños, hogares, escuelas y comunidades. Este informe se enfoca principalmente en los niños y las familias, así como en los cambios en la sociedad uruguaya como un todo" (Martínez et al., 2009: 15). Dado que no se cuenta con antecedentes de evaluación de modelos Uno a Uno, la estrategia de la investigación es exploratoria y descriptiva utilizando técnicas cuantitativas y cualitativas. En cuanto a los instrumentos, el informe se basa principalmente en una encuesta representativa a nivel nacional, realizada en junio de 2009, que fue aplicada a directores, maestros, niños y familias, tanto en el interior (con implementación del Plan Ceibal a la fecha del relevamiento) como de Montevideo (sin implementación del Ceibal). Sin embargo se aclara que los resultados presentados en el informe reflejan los datos de la aplicación del cuestionario en el interior del país. La muestra fue estratificada (Montevideo, interior urbano, escuelas rurales) con sorteo sistemático de grupos al interior de cada estrato. Era representativa de los alumnos de las escuelas públicas comunes con al menos veinte alumnos a nivel nacional y permitía realizar inferencias por grado escolar. Ahora bien, resulta llamativo cómo se han elegido las unidades de información. Sin que el texto explicite cuáles fueron los criterios, se eligió a los directores de escuelas para responder respecto al impacto del plan en los hogares mientras que los cuestionarios destinados a las familias fueron respondidos por las madres. Asimismo, el estudio se apoya en el abordaje cualitativo a partir del cual se visitaron veinte localidades del interior del país para realizar entrevistas en profundidad a maestros y directores, y entrevistas colectivas con familias y niños. Se realizaron entrevistas, talleres y grupos de discusión en 9 pilotos y 8 localidades del interior en 2008 y 20 localidades del interior en 2009. Además, se hizo una actividad específica de uso de la XO con observación sistemática de los procesos y los resultados obtenidos por los niños. Como puede observarse, es destacable la amplitud y representatividad del estudio, más aun teniendo en cuenta que se trata del primero en buscar una sistematización de los alcances del Plan Ceibal sin antecedentes sobre los cuales basarse.

El estudio de Bianchi y Laborde (2012) desarrolla una estrategia cualitativa con enfoques interpretativos que recoge experiencias narrativas (fundamentalmente de adultos) en entornos que han generado iniciativas de aprovechamiento de los recursos brindados por el Plan Ceibal para el beneficio y el desarrollo de los actores involucrados. Este informe fue realizado durante el lapso de diciembre 2010 a diciembre 2011. Así se realizó primero un contacto vía mail y telefónico con referentes institucionales (9) para acceder a casos potenciales de "buenas prácticas" (90). De allí se detectaron 80 casos de emprendimientos productivos. Posteriormente, se seleccionaron 68 casos interesantes, los cuales fueron convocados a relatar su experiencia a través de un Gloster. Se procesaron los relatos destacados y se hicieron talleres de experiencias con 15 casos seleccionados dividos por regiones (norte, centro-sur y región metropolitana) a fin de profundizar en el análisis del relato, y se elaboraron las fichas de descripción de las buenas prácticas. En el trabajo no se explicitan los criterios de selección de esos 15 casos pero de la propia definición de "buenas prácticas" se desprende que deben haberse escogido todos casos juzgados como "exitosos" y dignos de ser replicados.

La investigación reflejada en el capítulo de Pittaluga y Rivoir (2013) combina estrategias cuantitativas (a cargo de Lucía Pittaluga) y cualitativas (a cargo de Ana Rivoir). El abordaje cuantitativo se orienta a analizar el impacto del Plan Ceibal en el uso de computadoras en los hogares del Uruguay, para lo cual se analiza, primero, "la evolución de la brecha de acceso a las TIC" (Pittaluga y Rivoir, 2013: 56) y, luego, "se compara el patrón de acceso y uso a las TIC en dos regiones del país con distinta exposición al Plan Ceibal en diciembre de 2010" (Pittaluga y Rivoir, 2013: 56) a partir de los datos de la Encuesta Continua de Hogares (ECH) del Instituto Nacional de Estadísticas (INE). Por otra parte, el enfoque cualitativo se orientó a conocer principalmente actores y tipos de usos de las TIC en los hogares e información sobre las potencialidades de estos dispositivos. Para ello se llevaron a cabo 192 entrevistas con adultos de hogares de niños beneficiados por el Plan Ceibal en cuatro departamentos del país. Las entrevistas se hicieron en tres áreas distintas: Barrios de Contexto Desfavorable (BCD), Barrios de Contexto Favorable (BCF) y Pequeñas Localidades (PL). También se entrevistaron 39 informantes clave entre miembros de las comunidades educativas, técnicos, gobernantes, etc.

Finalmente, el estudio de Winocur y Vilela (2014) desarrolla una estrategia con enfoque cualitativo que busca comprender y evidenciar la perspectiva desde la cual los sujetos viven y comprenden su relación con la tecnología a partir de sus propios recursos simbólicos y biográficos. Corresponde a una evaluación después de cinco años de haber iniciado el Programa Ceibal, donde su escala es nacional, estudiando tanto ámbitos urbanos como rurales. La unidad de análisis está enfocada en las familias de los beneficiarios del Plan Ceibal y marca un diseño descriptivo y de perspectiva comparativa de los relatos y experiencias de los entrevistados. Sus técnicas de recolección fueron 125 entrevistas cualitativas semi-estructuradas a las familias seleccionadas y 6 entrevistas colectivas a representantes y líderes comunitarios. Tomando como criterio orientador inicial la muestra representativa que tenía el propio Ceibal (para la distribución de localidades urbanas y rurales) se diseñó una muestra, de acuerdo con un conjunto de criterios significativos, integrada por familias beneficiarias del Plan Ceibal, pertenecientes a los sectores sociales más desfavorecidos en tanto se los considera como los casos críticos donde el Plan Ceibal deposita las mayores expectativas de impacto en términos de transformaciones sociales, culturales y cognoscitivas. Para la selección de las familias se tomaron en cuenta criterios como ubicación geográfica, tamaño de la localidad, composición de la familia, nivel de escolaridad, ocupación de los padres y tiempo de haberse incorporado al Plan Ceibal, además de la ubicación geográfica de la ciudad/localidad y el tamaño.

¿Cómo se definen las categorías y dimensiones de análisis para evaluar la relación entre la familia y la tecnología, y entre la escuela, el hogar y la comunidad?

Un interrogante central de nuestra investigación reside en el lugar –práctico y simbólico– otorgado a las familias y los hogares en los procesos de apropiación de las TIC asignado por las evaluaciones de las políticas Uno a Uno. En el caso del Plan Ceibal encontramos que las primeras evaluaciones toman a la familia y a la comunidad como actores secundarios en aquellos procesos. Siguiendo la misma lógica con la que el plan fue pensado, se espera que su implementación derrame desde la escuela hacia los hogares y los barrios. Así, los primeros estudios que indagan lo que sucede en estos ámbitos conciben –teórica y metodológicamente– a las familias como *beneficiarios indirectos del programa* (Martínez et al., 2009). La escuela es ubicada en el centro del programa y los hogares como ámbitos marginales. De allí que, como se ha señalado respecto a la evaluación de Martínez et al. (2009), se haya recurrido a los directores como informantes del impacto del Plan Ceibal en las familias y que una de las preocupaciones principales del estudio radique en detectar los "obstáculos para un mayor aprovechamiento familiar" de la XO (ver capítulo 8). La noción de aprovechamiento, asociada a la de "uso con sentido", resulta así cercana a un determinismo tecnológico implícito en la evaluación realizada: habría potencialidades en las TIC cuyo aprovechamiento implicaría un "uso con sentido" mientras que su no aprovechamiento ubicaría a los miembros de las familias (especialmente a los padres y madres, ya que a través de una sinécdoque demográfica, se toma a una parte por el todo) con un nivel bajo de capacidades realizando usos "sin sentido". El capítulo 9 parece desandar este camino en tanto se adentra en los cambios en las dinámicas familiares y repasa indicadores de cambio en la relación con el aprendizaje en niños y sus familias con el fin de "resaltar la heterogeneidad en la forma como se han incorporado las nuevas tecnologías en la vida cotidiana de las personas, los *diferentes significados atribuidos a ellas*, así como las oportunidades detectadas para favorecer una mejor y mayor participación de los adultos en el proceso de aprendizaje de sus hijos y en el suyo propio" (Martínez et al., 2009: 59; el subrayado es nuestro). Mediante el trabajo cualitativo de las entrevistas grupales con padres, surge que existe entre ellos la representación de que las XO son para "personas inteligentes", o de uso exclusivo para los niños porque su finalidad debe ser únicamente escolar, al tiempo que manifiestan miedos respecto a su incapacidad para controlar lo que sus hijos hacen con la computadora en Internet. Sin embargo, el foco aparece puesto simplemente en los niños como mediadores entre la escuela y el hogar en la incorporación de las TIC. Por lo tanto, las experiencias y los significados que adquieren la computadora e Internet para cada uno de los padres no son reconstruidos ni interpretados en el informe mientras que las secciones finales del capítulo vuelven sobre los datos recogidos con la encuesta en relación con las percepciones y valoraciones de las madres respecto a los posibles impactos –positivos y negativos– que podrían tener las XO en la vida de los hijos: si les hace prestar más o menos atención a las tareas escolares, si pasan mucho tiempo frente a la computadora, si son importantes para el estudio y el trabajo, si contribuyen al desarrollo personal de los niños, si el aprendizaje cambiará a partir del Plan Ceibal, etc.

En el caso del trabajo de Bianchi y Laborde (2012), los usos de las XO por parte de las familias y las comunidades son entendidos como "externalidades" del programa. De allí que para el planteo del objetivo de investigación se deje en claro que se tratará de detectar experiencias innovadoras *por fuera del aula y la escuela.* El centro sigue puesto en la escuela desde donde se irradia a la comunidad. Cuestión que se evidencia a partir del uso del concepto de *derrame*: es la escuela la que irradia hacia el hogar y la comunidad como ámbitos *secundarios* de socialización de las TIC donde se producirían *efectos inesperados* del Plan Ceibal.

En cambio, los trabajos de Pittaluga y Rivoir (2013) y de Winocur y Vilela (2014) ubican en el centro de sus investigaciones al hogar, las familias y las comunidades. En ambos estudios, lo que sucede en el hogar tiene entidad *per se*. Así se entiende al hogar -y también el barrio y la comunidad- como "ámbito de impacto" (Pittaluga y Rivoir, 2013: 57). En ambos casos, el hogar y la familia son reconocidos como espacio y actor centrales de la apropiación. El trabajo de Winocur y Vilela (2014) los comprende como una instancia de conformación y negociación de sentidos y como punto cardinal para la comprensión cabal de las habilitaciones y dificultades que pueden presentarse para la apropiación de la computadora por parte de los sectores populares. Así se concibe al ámbito doméstico

> como el espacio físico y simbólico que estructura de manera fundamental el conjunto de prácticas y representaciones cotidianas que intervienen en la apropiación de las tecnologías. La familia no es la sumatoria de los consumos y prácticas individuales de sus miembros sino un ámbito constitutivo de sentido atravesado por lógicas de poder, de género y diferencias generacionales (Winocur y Vilela, 2014: 7).

En el trabajo de Winocur y Vilela (2014), la centralidad del hogar y la familia en la apropiación de las XO tiene su correlato metodológico. En este sentido, la investigación no buscó simplemente recolectar e inventariar opiniones de los miembros de las familias respecto al Plan Ceibal. Tampoco se obsesionó con identificar las ventajas y desventajas que estos actores encontraban en la XO. Por el contrario, de manera coherente con su perspectiva etnográfica, el trabajo citado buscó reconstruir los *mundos de vida* de las familias para allí comprender los modos –ambivalentes– en que las TIC se incorporaban al hogar.

De esta manera, en el corpus seleccionado se evidencia un desplazamiento –epistemológico, teórico y metodológico– del hogar, las familias y las comunidades que salen de los márgenes para ubicarse en el centro del campo de observación y análisis en el estudio del Plan Ceibal.

¿Qué resultados principales se señalan y qué recomendaciones se realizan, y dirigidas a quién?

Como en todo trabajo científico, los hallazgos de investigación y las recomendaciones realizadas por los trabajos del corpus resultan acordes con las perspectivas epistemológicas, teóricas y metodológicas asumidas. Así, lo que cada estudio concibe como un resultado se juega dentro del campo de posibilidades definido desde el propio diseño de la evaluación. Es decir, los hallazgos y, consecuentemente, las recomendaciones, responden a los interrogantes y objetivos de investigación formulados.

En el estudio de Martínez et al. (2009) la presentación de los hallazgos y las recomendaciones van dirigidas tanto a los encargados de la implementación del Plan Ceibal y de los ministerios comprometidos como a los actores de las instituciones educativas. Así en el último capítulo se resumen: impactos positivos, moderados y negativos. Una de las preocupaciones principales en relación con los impactos negativos se refiere a las familias: "a futuro, en los hogares que han depositado altas expectativas en la nueva oportunidad, si no se implementaran las medidas necesarias para corresponderlas (...) y en los adultos que ven desafiados sus roles tradicionales, y requieren más herramientas y apoyos para adecuarse a ellos" (Martínez et al., 2009: 86). En este marco, el estudio brinda recomendaciones para aumentar los impactos positivos y moderar o eliminar los negativos, entre los que se resalta la capacitación de los padres y madres en pos de salvar "este distanciamiento del adulto respecto al nuevo medio genera la pérdida de una oportunidad de usar una herramienta que si bien es del niño, puede ser aprovechada a nivel de todo el hogar" (Martínez et al., 2009: 87). Para ello el rol de la escuela debe ser fundamental pero también su interacción con otros organismos y organizaciones comunitarias. Asimismo, además de facilitar y promover las reparaciones de los equipos, el informe promueve "capacitar en forma diferencial, con mayor profundidad, a los maestros comunitarios ya que tienen un rol importante en la transmisión y promoción del uso con sentido en las familias y una ventaja particular en la llegada personalizada a las familias en situaciones más complejas" (Martínez et al., 2009: 87). En suma, frente a la ausencia de impacto en las familias, al menos en los términos que el programa esperaba, se elabora un conjunto de recomendaciones para adaptar a los adultos a la tecnología y no al revés. El paradigma que dirige la mirada de la evaluación conduce a que los datos empíricos sean interpretados en función de lo que se buscó constatar. En consecuencia, en lugar de recuperar la experiencia de los actores, el estudio recomienda capacitarlos para que puedan aprovechar lo que las XO brindan en potencia.

El libro de la investigación de Bianchi y Laborde (2012), sobre la base de lo recolectado en los Talleres de Experiencia, determinó que a través del uso de XO se generan capacidades (como manejo de programas y aplicaciones, búsqueda en Internet, construcción de información) o se reconocen capacidades ya existentes. De igual forma, se ven oportunidades de integración social que posibilitan la movilidad social y la articulación entre la tecnología y el territorio. En este marco se observó el papel del *mediador* por su fuerte incidencia en la motivación para emprender y apoyar una iniciativa local que expanda oportunidades para otros a través de la inclusión digital, ya que colabora en el grado de madurez de los usuarios frente a lo que le da significado e interés. Por esto cita la investigación que es concluyente que el perfil de estos mediadores y su efectividad como agentes está asociado a personas capaces de hacer una interpretación de la lógica técnica a la lógica de la vida cotidiana (traducción), lo cual propicia la generación de productos culturales fiables para unos y otros (redes de proximidad), acercando el mundo global a lo local (puente), con lo cual es clave para la generación de buenas prácticas de apropiación de las TIC con efecto en el desarrollo humano local (Bianchi y Laborde, 2012: 139).

Es por ese motivo que el rol del mediador se vuelve fundamental. Se destaca que los docentes mediadores son los que expanden sus intereses hacia la comunidad, logrando constituir verdaderas comunidades de aprendizaje, las cuales contribuyen a fortalecer la imagen del centro educativo como referente cultural y con ello a revalorizar el vínculo escuela-familia-comunidad. En el camino de crear soluciones para abatir la brecha digital y lograr impactos en la desigualdad socio-cultural, el concepto de desarrollo humano y local, así como las evidencias proporcionadas por estas experiencias y sus buenas prácticas, refuerzan la necesidad de un modelo alternativo a la visión restrictiva de una racionalidad sectorial. Es decir, a partir del análisis de los casos a priori ya seleccionados por ser "exitosos", la evaluación propone recuperar sus buenas prácticas, promover su sostenibilidad en el tiempo y propiciar que estas experiencias se repliquen en otros contextos. En este punto cabe alertar que, al concebirlos como "efectos secundarios" o "derrames" de la política, se corre el riesgo de recomendar su replicación automática sin comprender que la apropiación es un proceso heterogéneamente situado y, por lo tanto, inescindible de los contextos socioculturales en los que se desarrolla.

En el capítulo de Pittaluga y Rivoir (2013) los hallazgos relativos a las trayectorias y usos de la XO por parte de las familias giran en torno a los motivos de no uso entre los adultos de hogares (la idea de que la XO es propiedad de los niños, falta de tiempo, desconocimiento, entre otros) y al hecho de que el uso con sentido y la apropiación de las TIC por parte de los adultos es aún incipiente. De allí que las recomendaciones –dirigidas, implícitamente, a las instancias estatales que gestionan el Plan Ceibal– propongan mayores posibilidades de capacitación para las familias, centradas especialmente en desarrollar iniciativas para que los adultos se involucren con las tecnologías, encontrándoles un sentido y utilidad para sus vidas cotidianas. Es decir, al poner el foco en la apropiación por parte de las familias, el estudio encuentra que hasta aquí las XO no logran interpelar el universo de sentido de los adultos. Ahora bien, cabría preguntarse acerca de quién/es determinan cuándo un uso es significativo y cuándo no.

En el informe de Winocur y Vilela (2014) los resultados destacan que la XO en el hogar sufre transformaciones en sus usos y aplicaciones, a partir de los sentidos que las familias le otorgan. De esta manera, en cuanto el estudio se propuso recomponer los universos de sentido y las racionalidades en pugna a partir de la implementación del Plan Ceibal, lo que en los anteriores estudios se interpretaba simplemente como impacto negativo o como un uso carente de sentido, aparecen aquí abordados asumiendo toda su complejidad. Así, en lugar de pensar la falta de apropiación familiar en términos de ventajas y desventajas encontradas a la XO por parte de los padres o en términos de motivaciones, el estudio de Winocur y Vilela se sumerge en la ambivalencia de la experiencia y las tensiones abiertas entre representaciones y prácticas. Si bien la mayoría de las familias perciben que la presencia de la computadora en la casa democratiza real y potencialmente el acceso a la información, incorporar la XO al hogar exige que las familias se "adapten" a las condiciones de uso que vienen prediseñadas porque de lo contrario no pueden ser utilizadas, lo cual impone serias limitaciones a las posibilidades de su apropiación simbólica y doméstica. Es decir, no se trata de que las TIC no les hagan sentido a los adultos de las familias, sino que entre los sentidos ambivalentes que les generan, las expectativas van acompañadas de temores, incertidumbres y amenazas. Por ejemplo, la XO rompe la continuidad y representación de la herencia simbólica de los padres de posibilitar las condiciones materiales del saber comprando los libros y útiles necesarios, lo cual provoca sentimientos de exclusión y de pérdida de autoridad frente a sus hijos. Del mismo modo, la confrontación entre las representaciones dominantes acerca del tiempo, del espacio y las condiciones del juego y del estudio que tienen los padres, y las que vienen implícitas en el diseño de la XO, causa confusión y sentimientos encontrados porque no pueden diferenciar cuál es el tiempo del juego y del estudio. De allí que, asumiendo la complejidad de los procesos de apropiación, la principal recomendación del estudio propone generar una nueva estrategia pedagógica para padres de familia que contribuya a fortalecer la idea de que la XO puede ser una mediadora importante entre las familias y/o comunidades, y diversas instituciones públicas y privadas. Para todo ello se sugiere profundizar la investigación de carácter socio-antropológico para ampliar el conocimiento de las experiencias de las familias con las XO en particular y con las TIC en general, y generar insumos para reorientar las políticas y estrategias de alfabetización digital. Sin embargo, el informe no abunda en profundidad acerca de las alternativas posibles de aquella estrategia pedagógica con las familias en pos de superar y trascender los modelos de capacitación y alfabetización digital dominantes.

En síntesis, ninguna evaluación resulta neutral. Todo estudio científico ejerce un recorte de la realidad a partir del uso de determinados lentes teóricos y modos de abordaje. Sobre la base de este prisma se construyen e interpretan los datos, se presentan los hallazgos y se orientan las recomendaciones. El paradigma positivista dominante en la evaluación de políticas públicas busca medir si los objetivos se cumplieron, determinar las causas de su no cumplimiento y sugerir medidas para revertir efectos negativos. En el caso de las familias del Plan Ceibal esto ha conducido a simplemente buscar los motivos del "uso sin sentido" de los adultos dejando de lado la compleja trama de sentido desde donde las TIC son representadas e incorporadas a la vida cotidiana de las personas, inclusive por aquellos que no llegan a usarlas. La comprensión de esas experiencias implica, por el contrario, afrontar dicha complejidad y la opacidad de las prácticas para desde allí reformular las políticas teniendo en cuenta los heterogéneos mundos de su recepción.

3. Conclusiones

En las evaluaciones del Plan Ceibal analizadas[1] se evidencia una clara trayectoria donde los estudios se van complejizando en términos epistemológicos, teóricos y metodológicos. Esta trayectoria pareciera obedecer tanto a un proceso de acumulación de conocimiento como a la intervención de nuevos actores encargados de la evaluación –especialmente instituciones universitarias. Más aun, los mismos cambios producidos en el Plan Ceibal han ido demandando nuevos enfoques y estrategias de evaluación. Así, de los primeros estudios exploratorios y descriptivos enfocados en la medición de la posible reducción de la brecha digital a partir del Plan Ceibal, el interés se va desplazando hacia la comprensión de los procesos de apropiación tecnológica en diferentes ámbitos como la escuela, el hogar y la comunidad. Producto de esta trayectoria, se encuentra disponible un rico corpus de evaluaciones cuya diversidad de enfoques no oblitera el diálogo, la complementariedad y la crítica

---

[1] Una vez más remarcamos que el corpus fue seleccionado en pos de analizar los modos en que las familias y los hogares y sus vínculos con la tecnología son recortados y conceptualizados en las evaluaciones seleccionadas. En este sentido, las conclusiones aquí señaladas se refieren a este punto exclusivamente y no resultan generalizables a todas las evaluaciones del Plan Ceibal.

constructiva entre los distintos estudios. Riqueza y complejidad que, sin dudas, han brindado al Plan Ceibal una enorme oportunidad para retroalimentar sus bases y diseños originales ya que a lo largo de todos los estudios se han ido señalando posibles puntos a mejorar. Así, resulta fundamental destacar cómo cada estudio reconoce los hallazgos de sus antecesores y, si bien propone nuevos enfoques, no deja de dialogar con ellos y ofrece, a su vez, nuevos y originales resultados de gran relevancia. En consecuencia, el Plan Ceibal ha tenido la posibilidad de asimilar las críticas y complejizar sus estrategias de evaluación. Seguramente esta particular trayectoria que demuestran los estudios del Plan Ceibal, donde se complementan perspectivas y enfoques diversos y complejos, obedece a la estabilidad política en la que se ha desarrollado el Plan Ceibal tal como lo señala Inés Dussel en este mismo libro: "estas evaluaciones, aunque muestran las dificultades y tensiones, no socavaron el apoyo masivo que el plan sigue teniendo entre la población uruguaya" (Dussel, 2016: 149).

En este derrotero, el lugar ocupado por la investigación cualitativa se ve transformado pasando de ser un mero complemento de la evaluación cuantitativa a configurar una estrategia metodológica en sí misma destinada a reconstruir las experiencias de apropiación de las TIC recuperando la perspectiva de los propios actores beneficiados. Por un lado, este desplazamiento implica un cambio en los conceptos y categorías de análisis que pasan de estar originalmente preocupados exclusivamente en la evaluación del impacto del Plan Ceibal en la reducción de la brecha digital (Martínez et al., 2009), al registro y sistematización de casos concebidos como "buenas prácticas" (Bianchi y Laborde, 2012), al análisis de los usos con sentido de las TIC (Pittaluga y Rivoir, 2013) hasta la comprensión de los procesos de construcción de sentido en torno a las *netbooks* por parte de las familias beneficiarias (Winocur y Vilela, 2014). Es decir, se evidencia un pasaje desde perspectivas tecnológico-deterministas (según las cuales la XO del Ceibal impactarían en la vida de los beneficiarios) hacia concepciones descentradas donde lo importante es situar los diferenciales –y desiguales– procesos de apropiación de las TIC en el marco de racionalidades socio-culturales diversas. Los dos primeros trabajos reflejan la incidencia de agencias y organismos internacionales en la formulación de sus objetivos y la elección de los conceptos: las nociones de impacto, brecha digital, sociedad de la información, buenas prácticas, efectos inesperados o colaterales, forman parte del arsenal conceptual propio de organismos como el PNUD, el Banco Mundial y el BID que forman parte –directa o indirectamente– del financiamiento de las políticas de inclusión digital y de la matriz y modelos de evaluación dominantes. En cambio, en los dos últimos estudios, las reflexiones teórico-metodológicas parecen mayormente influenciadas por los estudios culturales latinoamericanos. Por otro lado, y consecuentemente, aquel desplazamiento se ve reflejado en las decisiones metodológicas adoptadas, tanto en los criterios muestrales como en la selección de las unidades de información y análisis: si en los casos de Martínez et al. (2009) y Bianchi y Laborde (2012) es la escuela la que irradiaría los beneficios de la digitalización hacia las familias y las comunidades, en los trabajos de Pittaluga y Rivoir (2013) y de Winocur y Vilela (2014) son las familias y los hogares los ámbitos centrales donde se establecen las negociaciones que cuecen los sentidos de la tecnología en la vida cotidiana. Es por ello que, bajo el presupuesto de una necesaria sinergia entre escuela y hogar, los primeros trabajos tomaron a los directores escolares como informantes respecto al impacto del Ceibal en las familias (Martínez et al. 2009) o seleccionaron como casos de análisis aquellos que se mostraron exitosos desde la perspectiva del propio plan (Bianchi y Laborde, 2012) mientras que los segundos se enfocaron en el interior de los hogares como ámbito privilegiado de apropiación de las TIC indagando la producción de sentidos (Pittaluga y Rivoir, 2013) y reconstruyendo la compleja trama de experiencias según la perspectiva de los propios actores (Winocur y Vilela, 2014).

En definitiva, no se trata de privilegiar un modelo evaluativo y descartar otros sino de comprender los modos en que enfoques diversos producen recortes, miradas y acciones diferentes sobre un mismo fenómeno. Así, el registro de datos, su interpretación y presentación como hallazgos conduce a diferentes concepciones sobre los procesos de apropiación de las TIC por parte de las familias y las comunidades que se reflejan en consecuencia, en las distintas orientaciones sugeridas para el rediseño de las políticas públicas de inclusión digital.

4. Bibliografía

Bibliografía del corpus

Bianchi, L. y Laborde, S. (2012). *Buenas prácticas de la Comunidad Ceibal. El Plan Ceibal como generador de iniciativas de Desarrollo Humano Local*. PNUD y Plan Ceibal, Montevideo.

Martínez, A.; Alonso, S. y Díaz, D. (2009). Primer informe nacional de monitoreo y evaluación de impacto social del Plan Ceibal, 2009. Área de Monitoreo y evaluación de impacto social del Plan CEIBAL. Centro Ceibal. Diciembre, 2009.

Pittaluga, L. y Rivoir, A. (2013). "Contribución del Plan Ceibal a la reducción de la brecha digital y a la inclusión digital". En Rivoir, A. (coord.). *Plan Ceibal e inclusión social. Perspectivas interdisciplinarias*. UdelaR, Montevideo.

Winocur, R. y Sánchez Vilela, R. (2014). "Evaluación cualitativa de las experiencias de apropiación de las computadoras XO en las familias y comunidades beneficiarias del Plan CEIBAL", informe final.

Bibliografía de evaluaciones sobre el Plan Ceibal

Centro Ceibal (2010). El impacto del Plan Ceibal en el acceso y uso de TIC. Montevideo.

Centro Ceibal (2010). Segundo informe nacional de monitoreo y evaluación del Plan Ceibal, 2010. Área de Monitoreo y evaluación de impacto social del Plan CEIBAL. Disponible en https://goo.gl/urckji.

Centro Ceibal (2014). "Evolución de la brecha de acceso a TIC en Uruguay (2007-2013)", Montevideo.
Centro Ceibal (2014). "Evaluación Anual en Primaria – 2013", Montevideo.
Centro Ceibal (S/D). "Ceibalómetro 6 años", Montevideo.
Dussel, I. (2016). "Perspectivas, tensiones y límites en la evaluación de las políticas Uno a Uno en América Latina", en Benítez Larghi, S y R. Winocur (coord.). *Inclusión digital. Una mirada crítica sobre la evaluación del Modelo Uno a Uno en Latinoamérica*, pp. 145-166.
González Mujica, S. (2008). "OLPC (Una Computadora por Niño), análisis de la implementación de pilotos", IDRC, Montevideo.
Melo, G.; Machado, A.; Miranda, A. y Viera, M. (2013). "Profundizando en los efectos del Plan Ceibal", Universidad de la República de Uruguay y CIDE de México.
Rivoir, A.; Pittaluga, L.; Di Landri, F.; Baldizán, S. y Escuder, S. (2010). *El Plan Ceibal: impacto comunitario e inclusión social*, Observatorio de Tecnologías de Información y Comunicación, Universidad de la República. Disponible en https://goo.gl/A60kLo.

Bibliografía general

Castells, Manuel; Tubella, Imma; Sancho, Teresa; Díaz, María y Wellman, Barry (2007). "Proyecto Internet Catalunya: La Sociedad Red en Catalunya". Disponible en https://goo.gl/wA4YiL.
Thompson, John B. (2008). *Los media y la modernidad. Una teoría de los medios de comunicación*. Paidós, Barcelona.

Capítulo 4

Propuestas de orden epistemológico y metodológico para la evaluación cualitativa de programas de inclusión digital en familias de menores recursos

ROSALÍA WINOCUR IPARRAGUIRRE

Estas propuestas están pensadas para ser contempladas fundamentalmente en el diseño de la evaluación cualitativa de la experiencia de las familias más desfavorecidas con la incorporación de las computadoras portátiles en el hogar, tomando como caso paradigmático el modelo Uno a Uno. No obstante, estimamos que pueden ser de gran utilidad para evaluar cualquier programa de inclusión o alfabetización digital en diversos sectores sociales o instituciones educativas. Independientemente del tipo de contenidos y/o destinatarios, las presentes propuestas son en primer término de orden epistemológico, porque involucran nuevas formas de mirar, comprender y analizar las heterogéneas realidades de uso y apropiación de las TIC; y, en segundo término, de orden teórico-metodológico, porque en consonancia con dichas formas de abordar los fenómenos de inclusión digital, se sugieren estrategias para el diseño del trabajo de campo y la elaboración de los instrumentos de indagación.

Propuestas de orden epistemológico

Admitir desfase constitutivo entre el diseño y la instrumentación de las políticas

La instrumentación de una política o programa está sujeta inevitablemente a un proceso de resignificación de sus objetivos y alcances entre los diversos actores que intervienen en su implementación y apropiación: diseñadores, ejecutores y/o promotores, destinatarios o beneficiarios. Lo cual implica, necesariamente, por una parte, que la interpretación de sus objetivos va cambiando en la práctica, producto de una negociación compleja de sentidos -muchas veces contrapuestos- en diversos momentos y escalones de la aplicación del programa. Y si esto es así, en el momento de la evaluación, debiéramos asumir que existe un *desfase constitutivo* (Winocur, Sánchez Vilela, 2016: 21) -es decir que no puede ser de otra forma- entre el diseño de los programas, las políticas que le dan sustento, y la práctica de implementación en distintos niveles de su ejecución. En esta perspectiva, tan importante como contabilizar logros y fracasos respecto de los objetivos trazados y "resultados esperados" es indagar lo que ocurrió en el encuentro (o desencuentro) entre los operadores del programa y las familias o personas destinatarias del mismo con experiencias y representaciones diversas sobre las políticas públicas, los dispositivos digitales, y acerca de sus posibilidades y limitaciones para manejarlos:

> Los verdaderos obstáculos radican por una parte, en la confrontación entre la experiencia previa con los modos de aprender y acceder al conocimiento, y las que vienen diseñadas e implícitas en la XO; y por otra, entre las representaciones sociales sobre sus capacidades y limitaciones -concebidas desde un lugar de exclusión, o autoexclusión social-, y las políticas y programas de inclusión digital -concebidas desde una racionalidad científico-técnica-, que establece como

condición la creciente incorporación de habilidades digitales para alcanzar los objetivos del desarrollo (Winocur, Sánchez Vilela, 2016: 29).

En condiciones de desigualdad social y cultural, la apropiación práctica y simbólica de los dispositivos digitales se expresa necesariamente en procesos de interacción conflictiva, y a través de negociaciones de sentido, que no siempre son trasparentes para el evaluador. "Cuando tomamos en cuenta el contexto reconocemos que el significado se produce en interacciones ubicadas en espacios sociales definidos que son, sin embargo, transformados por los actores sociales a partir de continuas negociaciones culturales" (Santos, Márquez, 2003: 96-97). El desafío consiste en superar el profundo desencuentro entre método y situación (Martín-Barbero, 1993: 204) que hasta ahora sigue prácticamente ausente en la evaluación de las políticas públicas. Ausencia particularmente evidente en la escasa preocupación por estudiar las apropiaciones simbólicas (y no solo prácticas) de las TIC dentro de sus universos socioculturales de pertenencia: "Las razones del desencuentro apuntan más allá de la teoría, a un des-conocimiento que, en lugar de más conocimiento en la lógica pura de la acumulación, reclama el re-conocimiento, según la lógica de la diferencia, de verdades culturales y sujetos sociales" (Martín-Barbero, 1993: 204). En esta perspectiva, es completamente pertinente incluir en la evaluación de las políticas de inclusión digital dimensiones de análisis que permitan dar cuenta de la experiencia tal como ocurrió en cada lugar, y no solo como se suponía debía ocurrir.

Desplazar el énfasis de la medición del impacto de las TIC hacia la reconstrucción de la experiencia con las TIC

La evaluación, particularmente cuando es encargada por los organismos públicos que impulsan los programas de inclusión digital, tiene como propósito legítimo e incuestionable el mandato de indagar qué tanto se cumplieron los objetivos previstos en los programas en términos generales y particulares. Para cumplir con este mandato, la evaluación elabora indicadores para el caso de los diseños cuantitativos, y dimensiones de análisis para los diseños cualitativos. Como bien lo señala Dussel (2016) en su colaboración para este libro, en el caso de la evaluación de los efectos del modelo Uno a Uno en las escuelas

> establecieron que el impacto pedagógico podía observarse a través de dos indicadores básicos: la medición de aprendizajes a través de exámenes estandarizados y frecuencia de uso de los dispositivos en las clases, indicadores que se correlacionan con la formación de los docentes, la presencia del equipamiento o las características socio-económicas de las escuelas. (...) en estas perspectivas de investigación, fenómenos abiertos e impredecibles como la incorporación de las tecnologías a ámbitos institucionales específicos como las escuelas y los sistemas escolares se vuelven medibles y predecibles, y se reducen a indicadores que buscan identificar variabilidades individuales y permiten hacer cálculos de costo-beneficio o "value for money" (Strathern, 2000: 287). (...) Si bien puede argumentarse que este riesgo de reducción y simplificación está presente en cualquier investigación evaluativa, que tiene que acercarse a la realidad a través de ciertas preguntas o vectores específicos, cabe destacar que en los estudios analizados no se manifiestan preguntas o reflexiones sobre los indicadores o sobre los diseños metodológicos, que se presentan como claros y evidentes (Dussel, 2016: 148).

Además, dichos indicadores y/o dimensiones suelen involucrar supuestos y definiciones previas, por una parte, sobre las realidades y los actores a evaluar, y, por otra, sobre el tipo de transformaciones, o resultados "esperados", que tienen que ocurrir para poder verificar la eficacia y la eficiencia del programa. Lo anterior, que parece absolutamente razonable, no obstante encierra una limitación de orden epistemológico provocada por la misma definición de los términos de la evaluación. A la hora de indagar, no es lo mismo tener como punto de partida y objetivo central: "determinar el impacto" de los programas de inclusión digital en la escuela, el hogar o la comunidad, que "reconstruir la experiencia de las familias con la incorporación de la computadora al hogar" (Winocur, Sánchez Vilela, 2016: 24). Aquí, alterar el orden de los términos sí modifica el producto comprometiendo centralmente la forma de abordar y comprender el problema. Mientras que en el primer caso la mirada está focalizada en medir el efecto o la influencia de las TIC en la vida cotidiana de las personas (individuos, familias, alumnos, maestros, etc.), según una serie de indicadores previamente establecidos; en el segundo caso la tarea primordial es la de reconstruir la experiencia de los sujetos atendiendo a sus propios marcos de referencia y universos simbólicos para apropiarse de las TIC. Asimismo, mientras que en el primer caso importa relevar usos, preferencias, aprendizajes, desempeños y percepciones; en el segundo, se privilegia la exploración de los significados de las prácticas y la comprensión de los imaginarios y representaciones sociales que facilitan o entorpecen el acceso a las tecnologías digitales. Igualmente, mientras que en el primer caso se abordan "los resultados no previstos" como efectos colaterales o marginales (aun en el caso de que sean valorados positivamente); en el segundo caso, dar cuenta de "los resultados no previstos" es una tarea crítica, ya que de ahí surgen pistas importantes para explorar y proyectar otras estrategias de apropiación de las TIC no contempladas originalmente en las metas del programa. En consonancia con lo anterior, en el primer caso, por lo general se eliminan las contradicciones o paradojas que surgen de la observación en la práctica del programa por la vía de la omisión (son quitadas de los datos), o negación (no se advierten o se ignoran); mientras que en la segunda propuesta las paradojas (sostener dos ideas contrapuestas sin conflicto de sentido), y aparentes contradicciones (hacen algo distinto de lo que dicen que hacen, o dicen que debería hacerse), constituyen fuentes primordiales para interpretar los claroscuros en la práctica de implementación de los programas.

Ampliar la conceptualización del término "apropiación"

En la perspectiva dominante de evaluación cualitativa que se lleva a cabo en la región para los programas de inclusión digital en hogares o familias de sectores populares, los objetivos primordiales son indagar el nivel de competencias adquiridas para manejar los dispositivos digitales y el tipo de apropiaciones o usos significativos que se hacen de las mismas. El problema es que la exploración del nivel de destrezas y los "usos con sentido" están prescriptos en forma de indicadores que fueron elaborados previamente, y esto dificulta la tarea de ver y rastrear otros usos significativos no contemplados en dichos indicadores. Las categorías de análisis definen a priori varios grados de habilidades para manejar aplicaciones, utilizar programas o navegadores en Internet por parte de los adultos, pero todas suponen el manejo básico del *software* y la coordinación del teclado con el mouse y los íconos de la pantalla. Es decir: una persona que no cuenta con este mínimo de habilidades no puede ser reconocida como usuario en el relevamiento de los datos de la evaluación, y por lo tanto se entiende que no producirá ningún tipo de apropiación productiva, cognoscitiva o lúdica. En algunos estudios (Center for the Digital Future, 2016), los no usuarios son conceptualizados como "usuarios próximos", pero siempre dependiendo de un tercero para encargar búsquedas o consultar información. En consecuencia, si la medición o indagación de los usos y potencialidades de las TIC tiene como condición necesaria el desarrollo -elemental o diestro- de competencias digitales, muchas de las apropiaciones de orden simbólico que no involucran el manejo prescripto de la computadora se vuelven invisibles en el relevamiento de los datos para la evaluación.

Reconstruir el proceso de *domesticación* de las TIC en el ámbito doméstico

Los programas de inclusión digital que tienen como objetivo fundamental dotar a los estudiantes de recursos digitales para mejorar el aprendizaje, pero además se proponen generar sinergias de inclusión digital en los adultos y localidades de menores recursos a partir de la computadora portátil que los niños y adolescentes llevan y traen entre el hogar y la escuela, como en el caso del modelo Uno a Uno, tienen como plataforma de dicha extensión a la misma escuela. Lo cual provoca que al momento de distribuir las máquinas, de capacitar a los adultos o de evaluar los efectos del programa en los hogares, los adultos sean considerados como padres en el rol tradicional asignado por la escuela, y no como miembros de familias de contexto crítico como dinámicas de interacción y lógicas de poder diferentes a las de la escuela. Los diferentes espacios, dentro y fuera del hogar, donde los miembros de las familias habitan y conviven, le dan un sentido distinto al proceso sociocultural de apropiación de las TIC, que no está determinado solo por las posibilidades de la tecnología sino por el universo simbólico de referencias y prácticas compartidas. De ahí la importancia de pensar el ámbito doméstico no solo como el "contexto" donde se utilizan las TIC, sino como el espacio físico y simbólico que estructura de manera fundamental el conjunto de prácticas y representaciones cotidianas que intervienen en la apropiación de las tecnologías (Morley, 2008: 193; Winocur, Sánchez Vilela, 2016).

Si aceptamos lo anterior como premisa fundamental de la observación y análisis de las prácticas y apropiaciones digitales en el hogar, necesitamos focalizar la atención en

> el sistema interaccional en juego en un contexto particular, y luego cómo las tecnologías particulares encajan en ese contexto, o qué se hace para que encajen. En el caso de los

estudios del consumo doméstico, eso significa plantear la estructura y la cultura domésticas como un determinante de la aceptación y uso de las tecnologías (Morley, 2008: 193).

Aun en el caso de familias con la misma pertenencia socio-cultural, existen distintos capitales culturales, experiencias vitales y circuitos diferenciados de socialización de las TIC entre los hijos y los padres, que permiten cierto tipo de apropiación y no otro. Cada espacio le da un sentido distinto al proceso socio-cultural de apropiación de la computadora, que no está determinado solo por las posibilidades de la tecnología, sino por el universo simbólico de referencias y prácticas compartidas generacionalmente (Winocur, 2009: 18).

Además, es necesario destacar que la incorporación de las computadoras en los hogares más carenciados plantea muchos conflictos de sentido entre el *habitus* doméstico y el *habitus* tecnológico (Winocur, Sánchez Vilela, 2016: 36). A diferencia del resto de los electrodomésticos, el control no depende del encendido/apagado sino que requiere de ciertas disposiciones y destrezas que no están enraizadas en el *habitus* doméstico. Como bien señala Martín-Barbero:

> … nuestra inserción en la nueva mundanidad técnica no puede ser pensada como un automatismo de adaptación socialmente inevitable sino más bien como un proceso densamente cargado de ambigüedades y contradicciones, de avances y retrocesos, un complejo conjunto de filtros y membranas que regulan selectivamente la multiplicidad de interacciones entre los viejos y los nuevos modos de habitar el mundo. De hecho, la propia presión tecnológica está suscitando la necesidad de encontrar y desarrollar otras racionalidades, otros ritmos de vida y de relaciones tanto con los objetos como con las personas (Martín-Barbero, 1993: 13).

Considerar los imaginarios y representaciones sociales sobre las TIC

Las evaluaciones no suelen incluir el estudio de los imaginarios favorables y desfavorables para la apropiación de las TIC. Detectar las necesidades reconocidas subjetivamente por cada grupo socio-cultural y no solo las que se objetivan como prioritarias en las políticas, es de vital importancia para poder generar estrategias diferenciadas de difusión y alfabetización digital. Un imaginario favorable a la incorporación de las TIC asociado a la educación como factor de movilidad social, como es el caso de los padres de sectores populares urbanos, constituye un aliado fundamental para cualquier estrategia ciberalfabetizadora. Un imaginario desfavorable, asociado a la percepción de los dispositivos digitales como intrusos, inmanejables, excluyentes, disruptivos o controladores, puede entorpecer de manera significativa cualquier campaña de difusión y educación:

> Cuando los objetos y prácticas introducidas son literalmente tan ajenas que no pueden incorporarse a los significados preexistentes, la sociedad simplemente podría consignarlos a un dominio totalmente separado de su propia realidad (...) Lo que es más común aun, la "forma" de las prácticas culturales ajenas se transforma y de alguna manera las llena de significado el grupo al que se incorpora la innovación. Por consiguiente, la gente se involucra en una lucha constante para reintegrar sus vidas alrededor del recién evolucionado y potencialmente conflictivo entendimiento de lo que está pasando (Hill, 1997: 86-87).

Cualquier acercamiento, real o imaginario, a las TIC, inevitablemente es resignificado por otras formas de socialización tecnológica previas en el trabajo, la escuela y el hogar (Morley, 2008: 140); y por el uso de otras tecnologías mediáticas, que pueden actuar facilitando o entorpeciendo (mediante actos de resistencia) la incorporación de los dispositivos digitales. Estas representaciones establecen funciones, sentidos y prescripciones sobre su utilidad y trascendencia a nivel individual, familiar y social, aun antes de que su uso se generalice, como es el caso concreto de Internet. La incorporación de cualquier medio de comunicación en el ámbito doméstico siempre ha estado mediada por las representaciones sociales que cada grupo o segmento social han construido históricamente con la tecnología, a partir de una apropiación muy desigual de sus posibilidades. Lejos de ser una hoja en blanco, las familias procesan y filtran las novedades tecnológicas a partir de sus universos simbólicos de pertenencia y experiencia con otras tecnologías (Winocur, Sánchez Vilela, 2016: 26). Como bien lo señala Silverstone (2004), la perspectiva del determinismo tecnológico, que no solo impregna muchos discursos académicos, sino que está presente en el sentido común, omite:

> los matices de la agencia y el significado, del ejercicio humano del poder y de nuestra resistencia. Omite también otras fuentes de cambio: factores que afectan la creación de las tecnologías mismas y factores que mediatizan nuestras respuestas a ellas (...) Las tecnologías son habilitantes (e inhabilitantes) más que determinantes. Aparecen, existen y desaparecen en un mundo que no es del todo obra suya (...) Las tecnologías son cosas sociales, impregnadas de lo simbólico y vulnerables a las eternas paradojas y contradicciones de la vida social, tanto en su creación como en su uso (Silverstone, 2004: 54).

Propuestas de orden teórico-metodológico

Adoptar enfoques socio-antropológicos

La evaluación concebida desde un enfoque socio-antropológico permite reconstruir los modos en que las TIC son representadas y experimentadas por los sujetos, explorar los imaginarios y estrategias de inclusión que desarrollan frente a ellas, y reconocer el desfase entre los universos simbólicos donde se inscriben las políticas y aquellos donde se inscriben los imaginarios de las familias destinatarias sobre ellas (Winocur, Sánchez Vilela, 2016: 241). Dicho enfoque tiene como premisa fundamental la recuperación de la perspectiva de los sujetos en la definición, comprensión e interpretación de su experiencia con la incorporación de la XO en la vida familiar y el espacio doméstico. En la perspectiva expuesta, la recuperación de los significados que los padres otorgan a su experiencia con las computadoras no puede limitarse a la recolección y clasificación de opiniones, sino a la reconstrucción y comprensión de los mundos de vida donde se inscriben, concebidos como

> un universo de referencias compartido -no siempre verbalizable- que subyace y articula el conjunto de prácticas, nociones y sentidos organizados por la interpretación y actividad de los sujetos sociales (...) En el entramado significante de la vida social los sujetos tornan inteligible el mundo en que viven, a partir de un saber compartido -aunque desigualmente distribuido y aplicado- que incluye experiencias, necesidades, posición social, modelos de acción e interpretación, valores, normas... (Guber, 1991: 74-75).

Diversificar las técnicas de indagación

Las técnicas cualitativas, particularmente la entrevista en profundidad, y la observación de prácticas se han vuelto muy populares porque suponen que el entrevistado responde "libremente" a la pregunta en lugar de seleccionar de un menú cerrado de opciones, lo que permite profundizar en las percepciones de los sujetos. No obstante, una pregunta supuestamente abierta no garantiza una mayor comprensión y descentramiento de las realidades a evaluar. Las preguntas "abiertas" también pueden inducir la respuesta (preguntas autorrespondidas) o condicionar el marco de interpretación de la respuestas.

Por otra parte, se confunde habitualmente la entrevista cualitativa con la entrevista en profundidad. Hay diversos tipos de entrevistas cualitativas, y uno de ellos es la entrevista en profundidad. En este último caso, la profundidad no se obtiene aplicando una guía de preguntas abiertas, sino desarrollando un proceso de indagación que implica varios momentos de acercamiento al campo y/o al informante, donde se combinan diferentes técnicas de entrevistas con diferentes técnicas de observación. Por esta razón, la entrevista en profundidad no suele ser una opción viable en las evaluaciones encargadas por los gobiernos porque requieren mucho tiempo de trabajo de campo. No obstante, la entrevista cualitativa constituye un excelente recurso para indagar los significados y representaciones sociales de apropiación de las TIC, si, por una parte, las preguntas son probadas previamente para evitar el sentido de clausura, y por otra son acompañadas por la observación en terreno de las prácticas digitales.

A la inversa, si la observación de las prácticas de utilización de las TIC no va acompañada de la exploración de los significados que los sujetos le otorgan a dichas prácticas, resulta bastante limitada para la comprensión de realidades sociales y culturales heterogéneas de utilización de los dispositivos digitales:

> El campo de una investigación es su referente empírico, (...) lo real se compone no solo de fenómenos observables, sino también de la significación que los actores le asignan a su entorno y a la trama de acciones que los involucra; se integran en él prácticas y nociones, conductas y representaciones (Guber, 1991: 84).

Otra problema que atraviesa el diseño de la investigación cualitativa es el referente a la credibilidad o confiabilidad de los datos, por eso se suelen elaborar preguntas de control para ver si el entrevistado mantiene la coherencia con lo dicho más arriba. Si esto no sucede, entonces se eliminan las dos respuestas porque no hay forma de establecer cuál de las dos representa el verdadero sentir u opinión del informante. En la perspectiva que se propone aquí, para realizar evaluaciones más comprensivas de las heterogéneas y paradójicas realidades de apropiación de las TIC en familias de menores recursos, son precisamente las respuestas contradictorias las que nos permiten explorar y entender, por ejemplo, que para un sujeto, algo pueda ser de una forma u otra al mismo tiempo. En ese sentido, no es tan importante indagar cuán cierto o no son sus aseveraciones respecto a lo que dicen otros, u observamos nosotros, sino explicar en qué contexto se vuelve consistente su afirmación, o se explica la contradicción:

> No importa si el relato coincide o no con lo que dirían otras personas testigos de los hechos, ni es nuestra meta ocuparnos de cuestiones ontológicamente tan oscuras como saber si la descripción es "autoengañosa" o "verídica". Nuestro interés está en lo que la persona piensa que hizo, por qué piensa que lo hizo, en qué tipo de situación creía que se encontraba, etc. (Brunner, 1991: 118).

Cambiar la forma de hacer las preguntas

Si no cambiamos la manera de hacer las preguntas, de tal forma que nos permitan ampliar la comprensión del problema, o descentrarnos de la forma de comprender el problema, las respuestas de los entrevistados *no* traerán nuevas pistas para explicar lo que ocurrió en el encuentro (o el desencuentro) entre el programa y sus destinatarios (Winocur, Sánchez Vilela, 2016: 254).

Las entrevistas diseñadas para evaluar la apropiación de las TIC en los adultos de baja escolaridad incluyen una serie de preguntas sencillas acerca de los hábitos, tiempos, rutinas, tipos de uso, procesos de aprendizaje, percepción de ventajas y desventajas, etc., que aparentemente no suponen ningún grado de dificultad para los entrevistados. No obstante, la obviedad reiterada de las respuestas, por ejemplo acerca de las ventajas (comunicación, información, entretenimiento), o de las desventajas (pérdida de tiempo, juegos violentos, pornografía, riesgo de relaciones peligrosas en las redes, etc.), pueden ocultar las verdaderas dificultades que tienen los adultos de sectores populares para poder hablar del "malestar" que provoca la intrusión de las TIC en el hogar, la vida o el trabajo, o sobre las diversas formas de inclusión/exclusión social que plantea su uso o su no uso:

> ... nuestra investigación puso el acento en que los padres hablaran a partir de sus propios recursos culturales, simbólicos y biográficos, que en muchos casos trascendían la relación con la XO, como su experiencia de niños de jugar y aprender sin computadoras. Recursos que fueron particularmente útiles para poder expresar el temor y el malestar que les producían las nuevas tecnologías, y que no encontraban un lugar de representación y "un modo de decir", cuando en el curso de la entrevista se los invitaba a hablar de las ventajas y desventajas de la XO (Winocur, Sánchez Vilela, 2016: 31).

En síntesis, para poder relevar y comprender la complejidad de las modalidades y condiciones de apropiación en diferentes grupos sociales, la evaluación cualitativa tendría que en primer lugar, incluir dimensiones de observación y análisis que contemplen imaginarios y representaciones sociales sobre la tecnología en general, y las TIC en particular, así como contextos heterogéneos de apropiación, incluso entre una misma franja social y experiencias diferenciadas por género y edad con las tecnologías domésticas y digitales en el hogar. En segundo lugar, incorporar técnicas de investigación de campo según el problema lo requiera, y no a la inversa. Es decir, a priori, el registro etnográfico, la entrevista cualitativa, el grupo de enfoque o la observación participante no son garantías de que realmente estemos recuperando la perspectiva de los informantes. Todo dependerá de la capacidad de descentramiento de los miembros del equipo en el campo, que solo puede ser producto de la reflexividad permanente sobre sus acciones, lo cual seguramente generará nuevas preguntas, nuevas hipótesis y ajustes en el diseño del trabajo de campo. Por último, es muy importante que la evaluación se asuma como un ámbito de producción del conocimiento que transcurre como un proceso abierto, dinámico, multifacético, y sujeto a permanentes redefiniciones por parte del investigador y los informantes. Y en ese sentido coincidimos con lo afirmado por Dussel: es fundamental la labor de

> subrayar la importancia de que las evaluaciones den cuenta de las condiciones de producción de sus indicadores, de lo que incluyen y lo que suponen como conocimiento compartido entre los investigadores y los investigados, y tengan una posición más crítica sobre su propia posición como "artefacto cultural" de producción de conocimiento sobre la realidad (Dussel, 2016: 153).

Bibliografía

Center for the Digital Future (2016). "The World Internet Project. International Report". *USC Annenberg School for Communication and Journalism*. Sexta edición. Universidad del Sur de California. Los Ángeles, Estados Unidos. Consultado en https://goo.gl/kbT6SK.

Dussel, I (2016). "Perspectivas, tensiones y límites en la evaluación de las políticas Uno a Uno en América Latina". En *Inclusión digital. Una mirada crítica sobre la evaluación del Modelo Uno a Uno en Latinoamérica*, pp. 145-166.

Guber, R. (1991). *El salvaje metropolitano. Reconstrucción del conocimiento social en el trabajo de campo*. Legasa, Buenos Aires, pp. 74, 75.

Hill, Stephen (1997). "La fuerza cultural de los sistemas tecnológicos", en *Innovación tecnológica y procesos culturales. Nuevas perspectivas teóricas*, UNAM/FCE. Ciudad de México, pp. 86-87.

Martín-Barbero, J. (1993). *De los medios a las mediaciones*. Gustavo Gilli, México.

Morley, D. (2008). "Pertenencias. Lugar; espacio e identidad en un mundo mediatizado". En Leonor Arfuch (comp.). *Pensar este tiempo. Espacios. Afectos y pertenencias*. Paidós, Buenos Aires, pp. 129-168.

Santos, M. y Márquez, M. (2003). "Trayectorias y estilos tecnológicos. Propuestas para una antropología de la tecnología". En Bueno, C. y Santos, M. (coords.). *Nuevas tecnologías y cultura*. Anthropos/Universidad Iberoamericana.

Silverstone, R. (2004). *¿Por qué estudiar los medios?* Amorrortu, Buenos Aires.

Winocur, R. (2009). *Robinson Crusoe ya tiene celular. La conexión como espacio de control de la incertidumbre*. Siglo XXI Editores/UAM I. México.

Winocur, R. y Sánchez Vilela (2016). *Familias pobres y computadoras. Claroscuros de la apropiación digital*. Editorial Planeta. Montevideo.

Segunda sección

Introducción a la segunda sección

En esta sección se presentan dos capítulos surgidos a partir del seminario de intercambio realizado en México DF en junio de 2015. Se trata de dos textos abocados a reflexionar sobre los contextos y contenidos de la evaluación de políticas de inclusión digital implementadas en la educación. Por lo tanto, a diferencia de la primera, en esta sección el foco de atención se desplaza de las familias a las instituciones educativas. Movimiento que garantiza una complementariedad de miradas y propuestas en el análisis de las evaluaciones de este tipo de políticas y, especialmente, de los modelos Uno a Uno.

El capítulo de Inés Dussel propone recuperar las orientaciones y dimensiones analizadas por las evaluaciones internas y externas de los modelos Uno a Uno reflexionando sobre los dilemas y desafíos que este tipo de estudios enfrentan en un contexto político particular donde la continuidad de estos modelos está en debate. Para ello parte de considerar las evaluaciones "como una producción de conocimiento que se da en un espacio o arena específica del discurso social, con sus propias reglas de producción y circulación" donde se despliegan

> marcos analíticos que ponen de relieve "repertorios locales de evaluación", es decir, formas y jerarquías de valores por las que las sociedades valúan y distinguen las acciones de las escuelas, que no son siempre los mismos y no son necesariamente compartidos por todos.

En primer lugar, el texto alerta respecto a posibles reduccionismos en los que pueden caer las evaluaciones (especialmente las encargadas por agencias internacionales) si solamente se concentran en auditar la sostenibilidad y efectividad de los programas naturalizando los métodos e indicadores utilizados para hacerlo. En segundo lugar, la autora detecta una serie de tensiones entre los estudios evaluativos de los modelos Uno a Uno en Latinoamérica (tomando como ejemplos los casos del Programa Conectar Igualdad de Argentina y el Plan Ceibal de Uruguay). Por un lado, advierte que el carácter asumido por las evaluaciones merece ser contextualizado en los escenarios políticos donde las políticas se despliegan en pos de lograr su legitimación. Por otro lado, el capítulo plantea una tensión metodológica –pero que es también teórica– respecto a la escalabilidad de los estudios. Por ejemplo, se señala que aquellas investigaciones que –a diferencia de los grandes estudios con muestras amplias pero concentrados en medir indicadores sencillos– han logrado profundizar en los sentidos que adquieren las prácticas áulicas con la incorporación de las *netbooks* encuentran dificultades a la hora de escalar tanto las metodologías como los hallazgos. Finalmente, el capítulo propone someter a discusión algunos de los supuestos y promesas sobre los que se basaron los modelos Uno a Uno. Como por ejemplo, la idea de que las TIC "son una especie de llave mágica que va a permitir cambiar la educación y el aprendizaje" o la problematización de la inclusión digital reducida simplemente en términos de acceso.

El capítulo de Judith Kalman analiza críticamente los modelos predominantes de evaluación respecto a la incorporación de las TIC en la escuela. Frente a las estrategias evaluativas tendientes a cuantificar accesos, habilidades y usos, el capítulo pone el énfasis en la necesaria amplificación de la mirada atendiendo la complejidad de los procesos de apropiación que, de manera situada y contextualizada, construyen verdaderos ensamblajes sociotécnicos en el aula. El capítulo resulta relevante en al menos dos sentidos: 1) la propuesta de evaluación coincide con la conceptualización sugerida en este libro para el análisis de la apropiación de los modelos Uno a Uno por parte de la familia y la comunidad. Así, "se argumenta que la evaluación de las tecnologías digitales en contextos educativos debe problematizar y apreciar el proceso de apropiación e incorporación en la práctica docente mediante el análisis de lo que los profesores hacen, dicen y piensan acerca del uso de las tecnologías digitales". 2) Ilustra sus reflexiones sobre la base de la experiencia de México -señalando que lo que se sabe allí sobre los programas de inclusión digital es poco y ha sido escasamente evaluado-.

Ambos capítulos están en consonancia con el espíritu que recorre todo el libro. Así, la noción de evaluación propuesta, más que reportar el número de metas alcanzadas o calificar cómo éxito o fracaso ciertas fases de un proyecto de inclusión tecnológica, apunta a descubrir y comprender los complejos procesos de incorporación de tecnologías digitales dentro y fuera del espacio escolar. En este sentido, en palabras de Kalman, es preciso "profundizar en lo que los actores piensan acerca de lo que hacen, qué es lo que valoran y por qué, y cuáles son sus expectativas". Y además, asumir que la evaluación nunca resulta neutral respecto a las realidades que aborda sino que constituye, tal como advierte Dussel, un poderoso "artefacto cultural distintivo" que ilumina ciertas operaciones y vela o ignora otras: "la evaluación no es un momento posterior o exterior a las políticas; es, cada vez más, una forma en que se organiza la sociedad".

Capítulo 5

Perspectivas, tensiones y límites en la evaluación de las políticas Uno a Uno en América Latina

INÉS DUSSEL

En los últimos años, en numerosos países de América Latina surgieron ambiciosos planes de inclusión digital. Esta inclusión digital tomó como estrategia privilegiada la distribución masiva y universal de equipos a alumnos de distintos niveles del sistema educativo bajo el modelo Uno a Uno, lo que convirtió a América Latina en la región geopolítica con el mayor número de experiencias dentro de este modelo (Severin y Capota, 2011). Entre esos programas, se destacan el Plan Ceibal de Uruguay, con más de 600.000 equipos entregados desde 2007, Conectar Igualdad en Argentina, con más de 5.000.000 desde 2010, Una Laptop por Niño en Perú, que entregó 600.000 entre 2008 y 2012, y Um Computador por Aluno, proyecto piloto desarrollado por el MEC en Brasil entre 2009 y 2010, donde se entregaron 150.000 dispositivos. Si bien la proyección de que en 2015 se llegarían a distribuir 30 millones de equipos (Severin y Capota, 2011) o 50 millones (RELPE, 2012) no se cumplió, en varios de los países involucrados sí se produjo un avance sustantivo en la dotación de equipamiento y, en líneas más generales, en la consideración de la inclusión digital como parte del "piso" de derechos educativos que los Estados deben cubrir (Fullan, 2013; Steinberg y Tófalo, 2015).

La puesta en marcha de los programas Uno a Uno, que prometieron no solamente superar la brecha digital mediante la distribución de equipos sino también transformar la enseñanza y mejorar los aprendizajes, fue acompañada de estudios evaluativos que buscaron dar cuenta de sus logros y alcances, desarrollados desde las dependencias que los gestionaron, y justificar la magnitud de las inversiones realizadas. Por otra parte, la magnitud de la apuesta subyacente a estos programas convocó a numerosos investigadores que consideraron a estas políticas como una especie de laboratorio para observar qué produce la incorporación masiva de tecnologías a las escuelas. En este capítulo, quisiera recuperar algunas de las orientaciones y dimensiones analizadas por estas investigaciones internas y externas a las agencias que los llevaron adelante, considerando especialmente el caso argentino y en menor medida el uruguayo, y sumar algunas reflexiones sobre los dilemas y desafíos de la evaluación de los programas Uno a Uno, en un contexto de cambio político que seguramente plantee debates sobre la continuidad de estas políticas.

Parto de considerar a la investigación como una producción de conocimiento que se da en un espacio o arena específica del discurso social, con sus propias reglas de producción y circulación (Yates, 2004); es una práctica que se constituye en un "artefacto cultural distintivo" (Strathern, 2000: 2) que combina personal, recursos e incluso moralidades (por ejemplo, en la identificación de la transparencia y la *accountability* como signos inequívocos de integridad moral) con sus propios rituales y principios jerárquicos. Me interesa subrayar que las investigaciones realizadas en torno a los programas de inclusión digital del modelo Uno a Uno, en algunos casos propuestas como evaluación de los programas y en otros como estudios independientes, no son solamente, y quizás no principalmente, un reflejo de lo que sucede, sino que implican la construcción de una perspectiva, de indicadores y de problemas que vuelven visibles ciertos aspectos de las políticas e invisibilizan otros. También implican, como diría Foucault, formas de problematización de lo social, es decir, de construcción de temas o tópicos que se vuelven *un problema que requiere atención*.[1] En el caso que nos ocupa, este problema toma la forma de "inclusión digital", entendido como acceso o apropiación, y también el de la transformación o el cambio educativo que se supone debe generarse.

1. Las investigaciones evaluativas: la construcción de indicadores y perspectivas

Entre el conjunto de las investigaciones disponibles sobre la puesta en marcha de las políticas Uno a Uno, puede distinguirse a una serie de informes y estudios internacionales (Warschauer y Ames, 2010; Lagos Céspedes y Silva Quiroz, 2011; Severin y Capota, 2011; RELPE, 2012; Cristiá et al., 2012; Fullan, 2013). Estos trabajos tuvieron su boom en los primeros años de las iniciativas, entre 2010 y 2012, y fueron centrales en la construcción de algunos indicadores y diagnósticos sobre la incorporación masiva de las tecnologías a las escuelas. Previsiblemente, los reportes señalaron que las promesas no se cumplieron; identificaron dificultades y desafíos tanto en los aspectos tecnológicos (sobre todo, en las redes de mantenimiento y reparación de los equipos, y en el alcance de la conectividad) como en los aspectos pedagógicos (uso relativamente bajo en las aulas, poco impacto en los aprendizajes), aunque destacaron los cambios en la motivación y actitud de los estudiantes y los docentes. En líneas generales, esta primera serie de estudios internacionales plantearon un panorama menos optimista

---

[1] Señala Foucault que la "problematización no es la representación de un objeto preexistente, o la creación a través del discurso de un objeto que no existe. Es la totalidad de las prácticas discursivas y no discursivas que coloca a algo en el juego de lo verdadero y lo falso, y lo convierte en un objeto para la mente (ya sea en la forma de reflexión moral, conocimiento científico o análisis político)" (Foucault, 1984: 18; véase también Castel, 1994). En este sentido, la problematización, como método, empieza con un problema tal como es planteado en la actualidad y rastrea su genealogía.

y celebratorio respecto a las expectativas iniciales, y construyeron un diagnóstico, cuando menos, ambivalente, si no explícitamente negativo, sobre la relación costo-beneficio de los programas, incluso cuando valoraron positivamente la distribución de equipos. También establecieron que el impacto pedagógico podía observarse a través de dos indicadores básicos: la medición de aprendizajes a través de exámenes estandarizados y la frecuencia de uso de los dispositivos en las clases, indicadores que se correlacionan con la formación de los docentes, la presencia del equipamiento o las características socio-económicas de las escuelas. Los cambios en las actitudes hacia el aprendizaje y hacia la escuela más en general (por ejemplo, el reporte de una mayor motivación para asistir a la escuela) fueron considerados significativos, aunque no igualmente relevantes para las mejoras en los aprendizajes (Cristiá et al., 2012).

Al respecto, puede decirse que en estas perspectivas de investigación, fenómenos abiertos e impredecibles como la incorporación de las tecnologías a ámbitos institucionales específicos como las escuelas y los sistemas escolares se vuelven medibles y predecibles, y se reducen a indicadores que buscan identificar variabilidades individuales y permiten hacer cálculos de costo-beneficio o "value for money" (Strathern, 2000: 287). Al decir de esta autora, en este tipo de investigación evaluativa, concebida como un proceso de auditoría, "solo cuentan ciertas operaciones" (Strathern, 2000: 2). Si bien puede argumentarse que este riesgo de reducción y simplificación está presente en cualquier investigación evaluativa, que tiene que acercarse a la realidad a través de ciertas preguntas o vectores específicos, cabe destacar que en los estudios analizados no aparecen preguntas o reflexiones sobre los indicadores o sobre los diseños metodológicos, que se presentan como claros y evidentes.

Dentro de los informes y estudios financiados por los organismos internacionales, algunos tuvieron otro tipo de aproximación. Por ejemplo, el trabajo, de corte socio-antropológico, de Rosalía Winocur y Rosario Sánchez Vilela

(2016) analizó el impacto social de las *Ceibalitas* en familias y comunidades pobres en Uruguay; este estudio es una *rara avis* en un contexto dominado por indicadores cuantitativos generales y comparables entre países. Otro ejemplo es el estudio sobre el Plan Ceibal dirigido por Michael Fullan, un especialista en cambio educativo, que apuntó a las múltiples dimensiones involucradas en la transformación tecnológica, entre las cuales destacó la cultura institucional y las estrategias docentes, y planteó la necesidad de considerar plazos más largos para analizar las transformaciones. Indicadores como clima escolar, autonomía de los maestros, jornada laboral y condiciones de trabajo, apoyos disponibles, señalaron la preocupación por identificar dimensiones institucionales y sistémicas como bases para el cambio.

Junto a los informes internacionales, se desarrolló otro conjunto de investigaciones en los distintos países que, asociados o con independencia de los propios programas Uno a Uno, fueron analizando distintos aspectos de las transformaciones en curso. Dentro de este segundo grupo de producciones, cabe analizar lo que los propios programas han ido estudiando sobre el impacto de los dispositivos, ya sea como parte de sus propias direcciones de investigación o como estudios encargados a externos pero que, en cualquier caso, pasan por la aprobación de las agencias y planes gubernamentales. En el caso del Plan Ceibal de Uruguay, hubo seguimientos periódicos realizados por sus equipos de investigación, sobre todo en relación con la frecuencia y tipos de uso en la escuela y el hogar (Pérez Burger, 2009; Rivoir, 2010; Plan Ceibal, 2011; Pittaluga y Rivoir, 2012), y también estudios comisionados sobre el impacto en los aprendizajes (Pérez Gomar y Ravela, 2012). Estas evaluaciones, aunque muestran las dificultades y tensiones, no socavaron el apoyo masivo que el plan sigue teniendo entre la población uruguaya. Un ejemplo de ello puede verse en una nota periodística que reseña una investigación crítica de los efectos del plan, pero en la que sin embargo se destaca que hay "grandes potencialidades a futuro" y "grandes desafíos" ("Plan Ceibal: según investigación no mejoró lectura ni matemática", *El País*, 18/9/2013). En el caso de Conectar Igualdad en Argentina, se buscó producir un marco de seguimiento y evaluación propio que tomase en cuenta la inclusión social y las estrategias de apropiación por parte de familias de bajos ingresos. Por un lado, esta búsqueda de un marco evaluativo singular estuvo asociada a la toma de distancia, por parte del gobierno argentino, del financiamiento y líneas político-educativas de los organismos internacionales y también de las evaluaciones internacionales como PISA durante los años 2003-2009. Por otro lado, se propuso poder evaluar lo que era para la política educativa un objetivo prioritario: el de la inclusión social y cultural. En este sentido, es importante subrayar que lo que las evaluaciones despliegan son siempre marcos analíticos que ponen de relieve "repertorios locales de evaluación", es decir, formas y jerarquías de valores por las que las sociedades valúan y distinguen las acciones de las escuelas, que no son siempre los mismos y no son necesariamente compartidas por todos. Un estudio comparado entre Francia y Estados Unidos mostraba, hace unos años, que los norteamericanos tienden a juzgar la eficacia de las instituciones –entre ellas, las educativas– por su "desempeño de mercado" (si consigue clientes, si es rentable, si es sustentable, entre otros aspectos), mientras que en Francia los juicios evaluativos se basaban en su contribución a una solidaridad cívica, a la idea de vida común, a ideas republicanas sobre el bien y la norma (Lamont y Thévenot, 2002).

La presencia de estos "repertorios locales de evaluación" se manifestó, por ejemplo, en el diseño inicial de la línea de base para seguir escuelas en distintos escenarios socioeducativos desde 2011 (Ministerio de Educación, 2014) –estudio que construyó escenarios complejos y multidimensionales de la desigualdad y sentó las bases para medir los efectos de los dispositivos en años posteriores pero que, lamentablemente, no fue continuado–.[2] Junto con esta línea de evaluación, se abrió otra a cargo de 15 universidades nacionales que produjeron estudios diversos entre 2011 y 2013, en general de corte cualitativo y que relevaron actitudes y percepciones de los actores educativos y comunitarios (Ministerio de Educación, 2011; Kisilevsky y otros, 2015). La segunda etapa del estudio, iniciada en 2013 bajo la coordinación de la DINIECE y la Secretaría de Políticas Universitarias del Ministerio de Educación, contó con un diseño unificado y con equipos de investigación de 15 universidades nacionales. Las escuelas visitadas fueron 168, y se realizaron entrevistas a distintos actores, así como observaciones de clase con entrevistas en profundidad con los docentes. Estos estudios incluyeron cuatro grandes áreas de indagación: institución (a través de entrevistas a directivos y docentes), formación y prácticas docentes, usos y percepciones de los estudiantes y usos en las familias y la comunidad, dimensión que finalmente no fue incluida en el informe final (Kisilevsky y otros, 2015). El trabajo identificó cambios en las cuatro dimensiones, de distinto tenor: si en la dimensión institucional hubo grados distintos de inclusión de las tecnologías (desde los iniciales a los más transformadores), en el entusiasmo y adhesión de los estudiantes se ven menos matices, así como en el reconocimiento de la reconfiguración del rol docente hacia la curaduría de nuevos contenidos. A diferencia de los estudios internacionales antes reseñados, estas investigaciones se basaron en

---

[2] Esta línea de seguimiento y evaluación, elaborada entre 2010 y 2011 por un equipo coordinado por Carolina Añino y Cora Steinberg, construyó una muestra estadísticamente representativa de 484 escuelas (sobre un total de más de 10.000), que buscó identificar tipos de escuela y zonas de mayor o menor vulnerabilidad. Se construyeron entre 8 y 11 tipos de escuelas según criterios socioeconómicos y educativos complejos. Se trabajó con cuestionarios exhaustivos a directivos, docentes y alumnos sobre equipamiento, usos pedagógicos y administrativos, y percepciones sobre la tecnología, con la intención de relevar usos dentro y fuera de la escuela.

una gran amplitud de indicadores sobre prácticas y percepciones de los actores, y no consideraron resultados en las pruebas de aprendizaje.

Por otra parte, el propio Programa Conectar Igualdad, con base en el ANSES y con cierta independencia de las acciones del Ministerio de Educación nacional,[3] realizó sus propios estudios de seguimiento y evaluación, entre los que se destaca el coordinado por Bernardo Kliksberg e Irene Novacovsky entre 2013 y 2014 (Kliksberg y Novacovsky, 2015), que relevó con una encuesta nacional urbana a los beneficiarios (abarcando un total de 1755 hogares) las percepciones y frecuencia de uso de las *netbooks* dentro y fuera de la escuela tanto de los adolescentes como de otros miembros de la familia. El estudio muestra un impacto positivo del programa en el acceso a tecnologías para familias de bajos ingresos, así como un nivel alto de uso en las escuelas (un 90% manifiesta que se usa al menos una vez a la semana, con un 45% que señala un uso diario –datos que deben matizarse ya que el reporte lo hace un adulto del hogar, y que el uso no refleja necesariamente un uso en las materias escolares–).

Esta investigación incluyó algunos indicadores sobre los hábitos de uso en la escuela (frecuencia, materias en las que más se usa, obligatoriedad de llevarla a la escuela) y también sobre la percepción de su valor como motivación para la asistencia a la escuela y para la inserción laboral, indicadores todos en los que se ve un efecto positivo del programa. Un dato sugerente es que los encuestados manifiestan que las *netbooks* no se usan en todas las materias sino en algunas, destacándose las humanísticas (lengua y literatura y ciencias sociales). Este dato es coincidente con lo encontrado por Steinberg y Tófalo (2015) sobre un uso

---

[3] En otro trabajo (Dussel, 2014) describí a estas distintas agencias que estuvieron a cargo de la gestión del programa y analicé la competencia interagencias en el funcionamiento del programa. En este texto, y dado el interés en analizar la producción de conocimiento "oficial" sobre la marcha del programa, dejo al costado estas diferencias y matices.

relativamente menor en las materias científicas y matemáticas, contra lo que sería esperable por la asociación entre ciencia y tecnología. Sin embargo, puede observarse, en este indicador en particular, que los cuestionarios tienen limitaciones importantes como fuentes de información. En primer lugar, si el informante es el adulto del hogar, es esperable que su conocimiento de lo que se hace en la escuela sea algo limitado; no queda claro si esa información fue controlada con repreguntas a los adolescentes, o si ellos fueron los informantes (como sí fue el caso en el trabajo de Steinberg y Tófalo, 2015). En segundo lugar, se pregunta si en las materias se usan programas específicos, y nuevamente el reporte de uso es más alto en las humanidades (un 38% usa programas específicos para la enseñanza de la historia y un 49% para la enseñanza de la lengua y la literatura), aunque no está claro qué entienden los encuestados, definidos como miembros de hogares que reciben la Asignación Universal por Hijo, por "programa específico". Es razonable suponer que probablemente estén incluyendo materiales digitales como libros electrónicos o textos audiovisuales, dado que hay muy poco *software* (y está muy poco difundido) para la enseñanza de las humanidades a nivel del secundario. Este señalamiento quiere volver a subrayar la importancia de que las evaluaciones den cuenta de las condiciones de producción de sus indicadores, de lo que incluyen y lo que suponen como conocimiento compartido entre los investigadores y los investigados, y tengan una posición más crítica sobre su propia posición como "artefacto cultural" de producción de conocimiento sobre la realidad.

2. Las tensiones de las evaluaciones, de la legitimación de políticas a la escalabilidad

Hay otro aspecto de las investigaciones producidas desde las agencias gubernamentales sobre el que vale la pena detenerse, y que marca una diferencia importante entre los informes sobre el Plan Ceibal y el Programa Conectar Igualdad. A diferencia de lo que se observa en el caso uruguayo, donde informes críticos como el de Fullan (2013) fueron reabsorbidos por el Plan Ceibal como insumos para reorientar las políticas, en el caso argentino el programa de inclusión digital, surgido en un momento de alta confrontación política, estuvo siempre sometido a fuego cruzado. En esta dirección, puede verse que las evaluaciones, sobre todo las encargadas por las agencias gubernamentales, sintieron el peso de construir legitimidad para los programas, lo que se evidencia tanto en el modo de producción de las investigaciones como en la comunicación de sus resultados. Los tres estudios reseñados más arriba muestran huellas de estas tensiones. En el caso de las evaluaciones realizadas por las universidades nacionales, el primer estudio realizado en 2011 fue producido en tres meses, y se centró, casi exclusivamente, en los cambios de actitud de los docentes y estudiantes con la llegada de las *netbooks*. Su publicación fue coincidente con la reelección de la presidente. El segundo estudio, realizado en un lapso de dos años, tuvo características más amplias y abarcadoras que incluyeron el análisis de las prácticas de aula, la gestión institucional y las dinámicas en los hogares de los alumnos, aunque sus análisis no fueron publicados sino hasta el final de la gestión. La publicación de este estudio fue prologado por el ministro de Educación, Alberto Sileoni, quien subrayó los "contundentes logros" del programa. Este tono celebratorio también se observa en el informe, donde en todas las dimensiones se identifican cambios, aunque sean incipientes, y se incluyen pocas menciones a problemas o desafíos de la inclusión de las *netbooks* en la enseñanza. La adopción aparece planteada como un avance gradual, *sin prisa pero sin pausa*. Algo parecido puede observarse en el estudio de Kliksberg y Novacovsky (2015), donde se menciona como un dato positivo del impacto del programa el acceso a la intranet de la escuela (52,8% de los encuestados lo reportan), pero no se dan datos sobre la conectividad a Internet, que fue una de las primeras promesas del Programa Conectar Igualdad.[4]

Una perspectiva distinta a los informes reseñados la ofrece el trabajo realizado en los años 2013 y 2014 desde el Instituto Nacional de Formación Docente, que incluyó una investigación en profundidad de la incorporación de las *netbooks* de Conectar Igualdad en este nivel, con un seguimiento de cinco institutos de formación docente de distintas localidades, y en cada institución un estudio de las prácticas de cuatro profesores y sus grupos de estudiantes (Ros, 2015). Este trabajo evaluativo es uno de los pocos que, a nivel gubernamental, propuso un abordaje sobre las prácticas de enseñanza, y -quizás por estar asentado en un instituto con mayor autonomía de la gestión central o por su recorte del problema en el nivel micro- pudo navegar mejor la tensión entre evaluar y construir legitimidad para las políticas, y construir una perspectiva "oficial" más abierta, que contuviera ambivalencias e inconsistencias en los hallazgos relevados. En líneas generales, el trabajo adoptó una mirada pedagógica para analizar las transformaciones de la práctica de aula en las instituciones de formación docente, elegidas como instituciones con prácticas interesantes por las autoridades distritales ("instituciones-faro").

---

[4] La conectividad a internet es uno de los aspectos más difíciles de resolver para los programas Uno a Uno, junto con el mantenimiento y la reparación de los equipos. La conectividad simultánea de muchos equipos demanda una capacidad de conexión muy grande y costosa. En el estudio de Steinberg y Tófalo (2015), basado en una encuesta realizada en 2013 por UNICEF, un 45% de las escuelas secundarias públicas tiene conectividad para usos pedagógicos, y solo un 37% la considera buena o muy buena. En buena parte de estos casos, y según reportes de investigaciones cualitativas, esta conectividad está limitada a los laboratorios o a algunos sectores del establecimiento escolar.

Un aspecto novedoso es que constituyó equipos de investigación con personal de las propias instituciones, además de investigadores del INFD, y se planteó un seguimiento durante un año de las prácticas docentes. El informe final de esta investigación da varios elementos para analizar la complejidad de los cambios que introducen las *netbooks* en este nivel. Más que señalar rupturas o continuidades claras en las prácticas docentes de estas instituciones-faro, el estudio muestra que hubo configuraciones del aula que se reacomodaron a las nuevas tecnologías de enseñanza pero sin transformarse por completo. Por ejemplo, en las observaciones no se visualizó un cambio del método frontal centrado en el docente a una organización en red, multicentrada y horizontalizada, como lo prometen las pantallas y dispositivos individuales; los intercambios seguían pasando por el o la docente, y la propuesta pedagógica se apoyó fundamentalmente en el trabajo en pequeños grupos que viene del escolanovismo de la década de 1930. Las aulas de la formación docente, según el equipo de investigación, están "encendidas pero no conectadas": observaron que las interacciones docente-alumnos suponen el uso de las *netbooks*, pero este se realiza muchas veces fuera del espacio y tiempo escolar, a través de la circulación de archivos e información por correo electrónico o por Facebook, y de la realización de tareas escolares después de la clase, que incluyen búsquedas de información o producciones audiovisuales. Este uso esporádico de las *netbooks* en las clases no se explica solamente por la debilidad de la conectividad a internet (que no es suplantada por la intranet) sino también por las complicaciones de contar con los equipos en el aula (porque están en reparación, bloqueados o simplemente no se trajeron a clase) y por el tiempo que consume la gestión técnica de los equipos (por ejemplo carga de archivos, incompatibilidad de *software*, entre otros), tema sobre el que se volverá más abajo. La inclusión de las TIC parece haberse producido menos bajo el "formato Uno a Uno" que bajo las formas de comunicación y producción del conocimiento que permite la web 2.0 y los medios digitales, es decir, menos con la forma de la presencia de numerosos dispositivos en el aula y más con la de las interacciones mediadas por las tecnologías digitales que están antes, durante y después del aula (Ros, 2014: 94 y 125).[5] Esta investigación planteó otro tipo de tensiones, no presentes en los estudios anteriores, que incluyeron, en todos los casos, muestras amplias definidas con criterios de representatividad estadística. En el caso del estudio del INFD, uno de los conflictos que se presentaron desde el inicio fue la dificultad de escalar tanto las metodologías (intensivas en personal y en tiempo) como los hallazgos o conclusiones que hablan de situaciones particulares, más aun cuando se estudiaron "instituciones-faro" con prácticas consideradas buenas por las autoridades de la formación docente en cada provincia. El equipo de investigación se planteó distintas estrategias de difusión e impacto de sus resultados, entre ellas el debate con las instituciones de formación docente de estos hallazgos en seminarios y presentaciones, la elaboración de recomendaciones a la gestión del nivel, y la participación en el diseño de una especialización docente virtual en uso de tecnologías, que integró críticamente los aportes de la investigación, por ejemplo sobre la necesidad de no aislar la incorporación de las tecnologías digitales de la necesidad de repensar las pedagogías y las estrategias de enseñanza. Quizás esta sea una de sus contribuciones centrales: ayudar a comprender que la buscada transformación de la enseñanza no se da por la

---

[5] Una observación similar hace Rosalía Winocur en su trabajo sobre las prácticas de lectoescritura de estudiantes universitarios con medios digitales. Winocur destaca la presencia persistente en los salones de clase de las tecnologías digitales, pero alerta que esa presencia se da más en la forma de supuestos y prácticas fuera del salón que como interacción visible y explícita con esas tecnologías en las aulas (véase Winocur, 2015).

incorporación aislada de las tecnologías y que, para que suceda, es necesario movilizar múltiples apoyos que impulsen y acompañen el cambio en el aula.

3. Reflexiones finales

> "Todo lo que brilla termina como una pila oxidada
> de tecnología inútil"
> (De Laet y Mol, 2000: 251)

Como se señaló inicialmente, las tecnologías educativas vinieron a ocupar, en los programas de equipamiento masivo, un lugar privilegiado para garantizar la inclusión digital y el mejoramiento de la enseñanza. Estas tecnologías aparecen como un nuevo "concepto estelar" de la educación, y también un objeto "con brillo", que contiene muchas de las promesas y aspiraciones de la sociedad (Dussel, 2012). Como dicen las historiadoras de la ciencia Marianne de Laet y Annemarie Mol, conviene no olvidar que las tecnologías brillosas terminan más tarde oxidadas en montones inútiles, y abordar con más humildad los cambios sociales y tecnológicos.

En esta dirección, a partir de las evaluaciones disponibles sobre los programas Uno a Uno desarrollados en la región, y sobre todo en Uruguay y Argentina, es importante poner a discusión algunos de los supuestos sobre los que se basaron, y las promesas que formularon. Uno de sus componentes centrales es que las tecnologías digitales son una especie de llave mágica que va a permitir cambiar la educación y el aprendizaje, que es la base de justificación de los programas y de las grandes inversiones que demandan. Esto también es compartido por buena parte de las investigaciones de los organismos internacionales, que afirman que los programas no logran cumplir con sus promesas, pero sin poner en cuestión esas promesas. Al respecto, puede decirse que no hay dudas del poder transformador de estas tecnologías; como dice un trabajo recientemente publicado, "[afirmar] que las cosas que decimos y hacemos a través de Internet han permeado nuestras vidas de modos que no tienen precedentes es un cliché que ya no es necesario repetir" (Isin y Ruppert, 2015: 1). Pero, aunque son un actor central de los cambios actuales, quizás sea importante detenerse a reconsiderar ese carácter de "llave mágica". Se sigue confiando en las posibilidades de las tecnologías digitales de acercar la cultura a todos de manera fácil y económica, concitar el interés de adultos y jóvenes, descentralizar la circulación de la información e incorporar otros lenguajes y referencias más accesibles; el horizonte de inmediatez y de accesibilidad agrega seducción y poder a estos discursos celebratorios de las nuevas tecnologías, que son enunciados desde sectores muy diversos. Son alianzas novedosas, móviles e inestables, de signo abierto, pero que juntan, en algunos casos, a gobiernos "pro-equidad", como los llama la CEPAL, con los organismos internacionales de los que se habían distanciado y también con las megacorporaciones tecnológicas cuyos portavoces mejores son muchas veces los propios usuarios (Dijck, 2013).

Otro de los supuestos es la problematización de la inclusión digital en términos de acceso. La medición de la frecuencia de uso se basa en el implícito de que la presencia de las tecnologías en el aula generará, por sí misma, ciertas interacciones (trabajo colaborativo, producción autónoma del conocimiento, aprendizaje "a medida" del usuario). Pero, como señalan distintos estudios, entre ellos el de Ros (2014), las estrategias docentes están cambiando aunque los aparatos no se traigan al aula, al mismo tiempo que se evidencian continuidades importantes en las interacciones y formas de trabajo que se proponen en las clases, y sobre todo en el vínculo con el conocimiento. El estudio de Ros, en particular, aboga por cambios en la formación docente que permitan a los docentes entender e integrar en su enseñanza la magnitud de las transformaciones en curso, sobre todo en relación con la producción y circulación del conocimiento como práctica social.

Este tipo de problematización de la inclusión digital reducida al acceso a los equipos tiene otra limitación: se detiene en el acceso, en hacer llegar las tecnologías al aula, pero no se preocupa suficientemente con qué pasa una vez que están allí. Como también lo muestra el trabajo de Ros y equipo (2014), la gestión técnica de los equipos en el aula genera numerosas complicaciones y consume buena parte de la clase, motivo por el cual muchos docentes prefieren no promoverlo (algo que también reporta una investigación de Patricia Ames sobre OLPC en Perú, Ames, 2014). La gestión técnica implica también considerar bajo otra luz la obsolescencia de los equipos y los desechos digitales, un problema que afecta a toda la sociedad y no solamente a las escuelas, y sobre el que faltan orientaciones claras, tanto a nivel de las políticas públicas como del desarrollo de tecnologías reciclables y sustentables por parte de las empresas. La dimensión ecológica de las políticas es un eje escasamente estudiado en América Latina, donde aparece como un lujo de los países ricos.

En conjunto, el escenario para las políticas de inclusión tecnológica es complejo y está en constante movimiento. Para los estudios evaluativos, no se trata solamente de ver los cambios en las formas de gestionar la enseñanza y el aprendizaje, sino de pensar en un nuevo escenario que tiene una configuración tecnológica, política e institucional muy compleja. Los cambios recientes en la región evidencian esta fluidez, al mismo tiempo que reafirman que, con o sin programas de equipamiento masivo, las tecnologías digitales ya se expandieron en las sociedades y constituyen una condición básica para los actores educativos, que las tienen en sus casas o en sus bolsillos. Es de desear que las políticas que se formulen en el nuevo ciclo que parece estar abriéndose consideren los avances realizados y puedan reconocer los desafíos pendientes.

En este contexto, habría que buscar que las evaluaciones de programas contribuyan, ya no con diagnósticos que reducen los logros de las iniciativas a la frecuencia de uso en las aulas o a las mejores en los aprendizajes, sino con estudios que ayuden a entender las modalidades de funcionamiento actuales y las múltiples dimensiones que involucran, que van más allá de los dispositivos. Esto puede realizarse mejor desde la tradición "iluminativa" de la investigación evaluativa, es decir, aquella que busca señalar problemáticas y desarrollar descripciones densas de situaciones, y menos desde las líneas de evaluación tradicional que miden la distancia entre los objetivos propuestos y los logros alcanzados en indicadores simplificados. En esta tradición, la evaluación no debería buscar convertirse en un "aparato de medición" puramente contable y administrativo, sino volverse una pregunta social y política sobre sus funciones y efectos, que mantenga una posición autorreflexiva sobre sus métodos y alcances (Readings, 1996). Destaco que en esta pregunta las cuestiones de la contabilidad y la administración no son poco importantes, sino que tienen otras resonancias: a quiénes, para qué, con quiénes, cuánto, cómo son aspectos fundamentales para responder sobre la justicia y la efectividad de las acciones. En algún punto, también, debe reconocerse que no hay respuestas unívocas ni transparentes para ninguna de estas cuestiones. En ese sentido, no hay duda que la evaluación *excede* a la lógica contable, pero tiene que incluirla si quiere dar cuenta de la justicia o validez de la política y de la distribución del gasto público. Y tiene también que incluir la reflexión sobre su propio funcionamiento como "artefacto cultural distintivo", analizando qué lenguajes e indicadores construye, y cómo en esa construcción contribuye a subrayar ciertas operaciones y marginar otras. La evaluación no es un momento posterior o exterior a las políticas; es, cada vez más, una forma en que se organiza la sociedad, por ejemplo a través de la ética de la transparencia y de la exigencia de la rendición de cuentas (Strathern, 2000). La evaluación de los programas Uno a

Uno, entonces, dice tanto sobre esos programas como sobre el aparato de evaluación y sus posibilidades y limitaciones para dar cuenta de las políticas. Abogar por ella como única estrategia de la política significará empobrecer los aprendizajes de la experiencia desarrollada en los últimos años.

Bibliografía

Ames, P. (2014). "Niños y jóvenes frente a las nuevas tecnologías: acceso y uso de tecnologías educativas en las escuelas peruanas". Ponencia presentada en el Congreso Iberoamericano de Ciencia, Tecnología, Innovación y Educación, Buenos Aires, 12-14 de noviembre, Disponible en https://goo.gl/Mx6Z0w.
Benítez Larghi, S.; Fontecoba, A. y Lemus M. (2014). "Bibliografía comentada desde la perspectiva de la evaluación de los modelos Uno a Uno en Latinoamérica". En *Revista Versión, Estudios de Comunicación y Política*, N° 34, 162-169.
Castel, R. (1994). "Problematization as a Mode of Reading History". En I. Goldstein (ed.), *Foucault and the Writing of History*. Cambridge: Basil Blackwell, pp. 237-252.
Cristiá, J.; Ibarraran, P.; Cueto, S.; Santiago, A. y Severín, E. (2012). *Technology and Child Development: Evidence from the One Laptop per Child Program*. Washington, DC: IDB Working Paper Series 304.
De Laet, M. y A. Mol (2000). "The Zimbabwe Bush Pump: Mechanics of a Fluid Technology". En *Social Studies of Science*, 30: 225-63.
Dijck, J. van (2013). *The culture of Connectivity: A Critical History of Social Media*. Oxford, UK: Oxford University Press.

Dussel, I. (2012). "Más allá del mito de los 'nativos digitales'. Jóvenes, escuelas y saberes en la cultura digital". En Southwell, M. (comp.). *Entre generaciones. Exploraciones sobre educación, cultura e instituciones*. Rosario: FLACSO/Homo Sapiens, pp. 183-213.

Dussel, I. (2014). "Programas educativos de inclusión digital. Una reflexión desde la Teoría del Actor en Red sobre la experiencia de Conectar Igualdad (Argentina)". En *Versión. Estudios de Comunicación y Política*, UAM-Xochimilco, 34, 39-56. Disponible en https://goo.gl/pnrBhX.

Foucault, M. (1984). "Le souci de la verité. Propos recuillis par Francois Ewald". En *Magazine Littéraire* N° 207, mai 1984.

Fullan, M. et al. (2013). *Ceibal: Los próximos pasos*, Toronto, Michael Fullan Enterprises.

Isin, E. y E. Ruppert (2015). *Being Digital Citizens*. Lanham, MD: Rowan and Littlefield.

Kisilevsky, M. y otros (2015). *Cambios y continuidades en la escuela secundaria: La universidad pública conectando miradas. Estudios evaluativos sobre el Programa Conectar Igualdad, Segunda Etapa*. Buenos Aires: Ministerio de Educación de la Nación.

Kliksberg, B. e I. Novacovsky (2015). *Hacia la inclusión digital: Enseñanzas de Conectar Igualdad*. Buenos Aires: Granica.

Lagos Céspedes, M. E. y J. Silva Quiróz (2011). "Estado de las experiencias 1 a 1 en Iberoamérica". En *Revista Iberoamericana de Educación*, vol. 56, 75-94.

Lamont, M. y Thévenot, L. (2002). *Rethinking Comparative Cultural Sociology. Repertoires of Evaluation in France and the United States*. Cambridge-UK: Cambridge University Press.

Ministerio de Educación de la Nación Argentina (2011). *Nuevas voces, nuevos escenarios: Estudios evaluativos sobre el Programa Conectar Igualdad*. Buenos Aires: DINIECE.

Ministerio de Educación de la Nación Argentina (2014). *Avances del Programa Conectar Igualdad*. Buenos Aires: DINIECE/Conectar Igualdad.
Pérez Burger, M. et al. (2009). *Evaluación educativa del Plan Ceibal 2009*. Montevideo, Plan Ceibal, Dirección Sectorial de Planificación Educativa.
Pérez Gomar, G. y P. Ravela (2012). *Impactos del Plan Ceibal en las prácticas de enseñanza en las aulas de Primaria*. Informe Final de Investigación, Instituto de Evaluación Educativa, Centro Ceibal.
Pittaluga, L. y A. Rivoir (2012). "Proyectos 1 a 1 y reducción de la brecha digital: El caso del Plan Ceibal en Uruguay". En *Information Technologies and International Development*, vol. 8, N° 4, 161-175.
Plan Ceibal (2011). *Encuesta a docentes de educación media pública sobre acceso, dominio y uso de herramientas TIC*. Departamento de Monitoreo y Evaluación del Plan Ceibal. Uruguay. Disponible en https://goo.gl/2N4v-M2 (último acceso: 15 de agosto de 2014).
"Plan Ceibal: según investigación no mejoró lectura ni matemática", *El País*, Uruguay, 18 de septiembre de 2013, disponible en https://goo.gl/oyC6TM.
Readings, B. (1996). *The University in Ruins*. Cambridge, MA: Harvard University Press.
RELPE (2012). "Experiencias 1 a 1 en América Latina". Seminario Internacional. Buenos Aires: Organización de Estados Iberoamericanos/Red Latinoamericana de Portales Educativos.
Rivoir, A. et al. (2010). *El Plan Ceibal: Impacto comunitario e inclusión social, 2009-2010*. Facultad de Ciencias Sociales, Universidad de la República, Uruguay.
Ros, C. y otros (2014). *Inclusión digital y prácticas de enseñanza en el marco del Programa Conectar Igualdad para la formación docente del nivel secundario*. Buenos Aires: Instituto Nacional de Formación Docente, Ministerio de Educación de la Nación.

Severin, E. y C. Capota (2011). *Modelos Uno a Uno en América Latina y el Caribe. Panorama y perspectivas*, Banco Interamericano de Desarrollo. División de Educación (SCL/EDU). Notas Técnicas # IDB-TN-261.
Steinberg, C. y A. Tófalo (2015). *Las TIC y la educación secundaria en Argentina*. Buenos Aires: UNICEF.
Strathern, M. (ed.) (2000). *Audit Cultures: Anthropological studies in accountability, ethics, and the academy*. Londres: Routledge.
Warshauer, M. y M. Ames (2010). Can One Laptop Per Child Save the World's Poor? *Journal of International Affairs*, 64 (1): 33-51.
Winocur, R. (2015). Prácticas tradicionales y emergentes de lectoescritura en jóvenes universitarios. En García Canclini, N. et al. *Hacia una antropología de los lectores*. Ed. Ariel/Fundación Telefónica/UAM.
Winocur, R. y R. Sánchez Vilela (2016). *Familias pobres y computadoras. Claroscuros de la apropiación digital*. Montevideo: Editorial Planeta.
Yates, L. (2004). *What does Good Education Research look like? Situating a field and its practices*. New York: Open University Press – McGraw-Hill Education.

Capítulo 6

Ampliar la mirada: la evaluación de proyectos de incorporación de tecnologías digitales en contextos educativos

JUDITH KALMAN[1]

Durante casi dos décadas se ha promovido la incorporación de las tecnologías digitales como parte de las posibles soluciones a múltiples problemas educativos -desde la falta de cobertura hasta la calidad de la educación; desde la inclusión de poblaciones marginadas hasta la mejora de los aprendizajes-. En diversos países del mundo se han invertido grandes cantidades de recursos en equipar a las escuelas o distribuir equipos individuales a maestros y alumnos, e instalado redes y conexiones a internet. Los responsables de los distintos programas han diseñado y desarrollado materiales educativos con diferentes enfoques didácticos y diversos grados de articulación entre las modalidades de uso y otros recursos educativos existentes en las escuelas y en las aulas. En estos proyectos, se ha asumido con frecuencia que la incorporación de la tecnología se traducirá en innovaciones y transformaciones generales, profundas y sostenidas en las prácticas académicas y por lo mismo ofrecerá una mejor educación para los estudiantes. Sin embargo, tales efectos permanecen como una promesa no cumplida.

---

[1] Agradezco a la Dra. Enna Carvajal del Laboratorio de Innovación en Tecnología Educativa en México, DF por su lectura y comentarios a una versión previa de este texto y a Benjamín de Buen por su trabajo de corrección de estilo y edición.

En una publicación reciente de su blog *Education Today*, por ejemplo, la OECD concluyó de manera contundente que "la mayoría de los países que han hecho grandes inversiones en TI relacionada con la educación no mostraron un avance importante en el desempeño de los estudiantes en la última década" (Schleicher, 2015). En respuesta, periódicos y agencias de noticias en diversos países expresaron cierta desilusión con encabezados como "La tecnología no hace más inteligentes a los alumnos" (Tailandia), "La ausencia de computadoras en las escuelas puede ser una bendición" (Irlanda), "Las tabletas en la escuela son una pérdida de dinero" (Australia) y "Más tecnología en el aula no significa más aprendizaje" (Alemania, Estados Unidos; Inglaterra, Francia).[2]

En este capítulo se supone que lograr tales cambios es un proceso complejo y complicado (Strum y Latour, 1987). La *complejidad* consiste en la articulación simultánea de varios elementos y la *complicación* involucra múltiples acciones. En este sentido, la inclusión tecnológica comprende más que la distribución de los equipos, la operación de una computadora o tableta, el manejo de *software*, la navegación en internet o el conocimiento de diferentes propuestas pedagógicas. Implica todo lo anterior y más: lograr transformaciones profundas y sostenidas requiere construir nuevas prácticas educativas, esto es, establecer una relación diferente entre los maestros y los alumnos, redefinir el currículo para poner la actividad en el centro de la atención de los procesos de aprendizaje, relacionarse con el conocimiento de otra manera, acercarse a lo digital de una manera diferente y crear espacios para explorar, dialogar, experimentar, probar, equivocarse, rehacer y mejorar (Knobel y Kalman, 2016).

---

[2] Encabezados reportados por Google *full coverage* (https://goo.gl/m4ZVvn) del boletín de prensa de OECD al publicar el informe *Students, Computers and Learning: Making The Connection*, 15 de septiembre 2015. Ver https://goo.gl/HtNhjs.

Aquí se argumenta que la evaluación de los proyectos de llevar a las tecnologías digitales a los maestros y los alumnos podría ser, y debiera ser, un espacio para comprender cómo los profesores y los alumnos las incorporan en sus actividades en el aula. Para esto tendría que partir de preguntas que permitan conocer procesos de apropiación -complejas y complicadas- del uso de las tecnologías en el salón de clase. Desde esta perspectiva, en este capítulo se examinan algunos de los parámetros de evaluación actuales de los proyectos de inclusión tecnológica en entornos educativos y se sugieren algunas preguntas y conceptualizaciones que podrían contribuir a evaluaciones más profundas y comprensivas. Después se proponen formas de evaluación que permitirían conocer algunos de los procesos y creencias que forjan las acciones de los maestros y se presenta un ejemplo concreto de análisis y evaluación. Por último se cierra con algunos comentarios finales.

La evaluación de la incorporación de las tecnologías digitales en el aula

México es uno de los países que ha invertido en proyectos nacionales para promover el uso de la tecnología digital en la educación. Durante las últimas décadas, en México se han implementado diversos programas con diferentes alcances orientados a la incorporación de las tecnologías digitales en el sistema de educación básica y media superior, entre ellos Red Escolar, EFIT-EMAT, Sec 21, ECIT, el portal SEPiensa, Biblioteca Digital, SecTec, Enciclomedia, Habilidades Digitales para Todos (HDT) y más recientemente, MICOMPU.MX y @prende.mx. Los modelos de uso de la tecnología que dichos programas promovieron son variados: incluyen el despliegue de materiales interactivos en una pantalla central instalada en el aula, ejercicios que los alumnos resuelven individualmente en sus tabletas y modelos que intentan fomentar la autogestión del aprendizaje y el trabajo colaborativo a través de la interacción a distancia.[3] En realidad, lo que sabemos de los proyectos mexicanos es muy poco.[4] Esto se debe, cuando menos en parte, a que los responsables de las evaluaciones para el uso de la tecnología en el aula se han enfocado sobre todo en dos líneas de indagación. Primero, se ha buscado conocer la selección, distribución, entrega e instalación de los equipos y la frecuencia de uso de los equipos y *software*. Segundo, se ha pretendido *medir* el impacto del uso de la tecnología sobre el aprendizaje de los alumnos con exámenes estandarizados o modelos semi-experimentales de pre-tests y pos-tests, pero en general, poco se ha invertido en hacer estudios cualitativos pausados y más profundos. Al respecto, Warschauer, Cotten y Ames (2010) han insistido en que los instrumentos empleados en las evaluaciones generalmente no identifican el tipo de aprendizajes que el buen uso de la tecnología en la escuela favorece, ya sea un incremento en la participación de los alumnos a través de los entornos de

---

[3] Aunque los programas nacionales como Enciclomedia, Habilidades Digitales para Todos y ahora MICOMPU.MX difieren en el modelo de uso que promueven, comparten objetivos similares. Estos tres proyectos, emblemáticos de la política educativa mexicana de las últimas tres administraciones, proponen los siguientes objetivos (entre otros): "Promover la generación de un aprendizaje más significativo a través de nuevas rutas de acceso al conocimiento" (Enciclomedia), "Mejorar los resultados de aprendizaje y los procesos educativos y ampliar las competencias para la vida de los estudiantes" (Habilidades Digitales para Todos) y "Mejorar las condiciones de estudio de los niños, la actualización de las formas de enseñanza" (MICOMPU.MX). Para Enciclomedia, véase Holland, I.; Honan, J.; Garduño, E. y Flores, M. (2006), p. 312; para HDT, consulte la página web de la Secretaría de Educación (México) https://goo.gl/xhPwe8; para Micompu.mx, revise el documento *Dotación de equipos de cómputo portátiles para niños de quinto y sexto grados de escuelas primarias públicas. Documento Base*. SEB (2013). https://goo.gl/iKSpEh.

[4] Una excepción es el programa Enseñanza de la Física y la Enseñanza de las Matemáticas con Tecnología (EFIT y EMAT) coordinado por la Dra. Ma. Teresa Rojano Ceballos del Centro de Investigación y Estudios Avanzados. Para conocer su diseño y alcances, véase Rojano, 2006.

interacción sincrónica y asincrónica, la apropiación y uso de diversos recursos y herramientas para buscar y analizar datos, el manejo de diferentes modos de expresión para representar ideas y significados, o la organización y realización de proyectos de aprendizaje.

Generalmente, en las evaluaciones de programas nacionales, el gran ausente es el aula, y pocas veces se estudia con detalle cómo los docentes se apropian de las tecnologías digitales para incorporarlas a su práctica. Para ilustrar el punto anterior, cito el informe final de *Enciclomedia*, el programa de tecnología digital en México durante la administración 2000-2006. La evaluación de este proyecto fue realizada por la Universidad de Harvard en 2006 y se centró en el diseño del programa, usabilidad, recursos, lecciones, infraestructura, equipamiento, asesoría técnica y la capacitación de los profesores. Sobre el uso de *Enciclomedia* en el aula, se señala que el equipo de evaluación visitó a 10 aulas en 8 escuelas en la Ciudad de México. Las visitas duraron entre cinco y treinta minutos y permitieron conocer la conectividad, el tamaño de los grupos escolares, la disposición de las mesas y sillas en el aula, y la falta de equipo o mobiliario. Los autores señalan que "estas observaciones sirvieron para ofrecer únicamente un indicio de cómo los maestros y alumnos estaban interactuando con el producto" (Holland, Honan, Garduño y Flores, 2006: 352).

El reporte de la OECD, previamente citado, muestra datos acerca del uso de la computadora e internet en la enseñanza. Si bien la mayoría de profesores encuestados reconocen la importancia de promover los procesos de indagación, la solución de problemas, la reflexión y el análisis de contenidos y conceptos entre sus alumnos, también reconocen que en gran medida sus prácticas de enseñanza se limitan a pedir un resumen de lo aprendido, distribuir ejercicios y materiales, y revisar y calificar tareas. Apenas una minoría reporta la realización de actividades *complejas* o proyectos escolares *complicados* que implican la incorporación de las tecnologías digitales para realizarlos. En gran parte, el objetivo de la enseñanza sigue siendo transmitir información y procedimientos, y las tecnologías se utilizan poco.

Coll (2008) ha identificado tres grandes propósitos de la inclusión tecnológica, los cuales, a la vez revelan la idea subyacente de lo que *usar tecnología* en la escuela ha llegado a significar: para algunos, se refiere a operar los equipos y conocer diferentes programas de *software*; para otros significa realizar actividades comunes de manera más eficiente; y para otros implica una transformación de las prácticas comunicativas, expresivas y de participación social y la creación de oportunidades de aprendizaje colaborativas, participativas y paulatinas, con la posibilidad de explorar, hacer y re-hacer, y reflexionar sobre las ideas, contenidos y discursos. Para los entornos educativos, la primera opción propone constituir a la tecnología en un contenido curricular donde se enseña a usar la máquina y algunos aspectos de la navegación; y en la segunda, la tecnología es un instrumento para el profesor, quien la utiliza para el control escolar, la administración de tareas y distribución de textos, ejercicios y mensajes. El tercer caso se acerca más a una idea de cultura digital, entendida como

> cierto tipo de prácticas y a los valores asociados a ellas que están vinculados al desarrollo de la informática e Internet que han moldeado, en nuevas formas, prácticas como comunicar, compartir, trabajar, estudiar, o socializar. Las prácticas asociadas a la cultura digital, como comunicarse a distancia y en tiempo real, compartir información, realizar trámites y transacciones vía electrónica, etc., no son algo eminentemente nuevo, sin embargo en los modos en los que estas prácticas se llevan a cabo y en los significados que se construyen en torno a ellas, sí pueden identificarse rasgos particulares (Hernández, 2015: 15-16).

La operación de los dispositivos, el conocimiento de *software*, el uso de medios para el envío y distribución de materiales o la habilidad para navegar en internet, por sí solos son insuficientes para transformar la práctica educativa desde sus cimientos o "mejorar" los aprendizajes. Su incorporación a la práctica docente amplía las posibilidades y el repertorio de materiales de los profesores pero los maestros pueden utilizar las tecnologías digitales y las opciones que ofrecen sin efectuar grandes cambios en lo que se hace.

Desde 2001, Cuban, Kirkpatrick y Peck plantearon que la ausencia de creatividad en el uso de los dispositivos se asocia con la dificultad que tienen los maestros para cambiar su manera de enseñar, limitando así el uso de las computadoras en clase. En general, el papel de los profesores es clave tanto para facilitar como para restringir las oportunidades de los alumnos para usar creativamente los dispositivos en el aula. La mayoría de los estudios, ya sean estudios piloto o implementaciones amplias, reportan que la participación de los docentes es esencial para el éxito del proyecto, sin embargo, la formación de los docentes tiende a centrarse más en las destrezas para el uso de la tecnología y menos en la integración de esta en la enseñanza (Area Moreira, 2011; Frank et al., 2004; Nugroho y Lonsdale, 2010). En la evaluación de los proyectos de inclusión tecnológica, aún faltan acercamientos al proceso de apropiación de los profesores para comprender qué necesitan saber para que puedan enseñar con tecnologías y desarrollar nuevas prácticas académicas en el aula.

En lo que resta de este capítulo, se argumenta que la evaluación de las tecnologías digitales en contextos educativos debe problematizar y apreciar el proceso de apropiación e incorporación en la práctica docente mediante el análisis de lo que los profesores hacen, dicen y piensan acerca del uso de las tecnologías digitales. Los hallazgos de este tipo de estudios ofrecerían insumos para el diseño de programas de desarrollo profesional docente. En este sentido, la noción de evaluación que aquí se promueve parte de acciones de un acompañamiento a los profesores y sugiere la importancia de ofrecer una retroalimentación copiosa sobre lo que un proyecto provoca en los profesores y sus alumnos. Más que reportar el número de metas alcanzadas o calificar como éxito o fracaso momentos predeterminados o al final de ciertas fases de un proyecto de inclusión tecnológica, se propone descubrir, analizar y describir el tipo de procesos que la introducción de entornos digitales puede incitar. Por lo mismo, también se debe considerar, conocer y evaluar el lugar del currículo, la apropiación de las tecnologías, la (re)conceptualización del aprendizaje, la (re)definición del papel del maestro y su relación con los alumnos. Implica reconocer que la apropiación de las tecnologías digitales y su inserción en procesos de enseñanza y de aprendizaje, así como la transformación de la práctica docente, no son procesos ni inmediatos ni naturales y que requieren un trabajo intencionado en las escuelas y con los maestros para construir nuevas formas de enseñar.

Lo que nos preguntamos

Si bien es de esperarse que a los diseñadores de los programas educativos les preocupe saber que los materiales lleguen a sus destinatarios finales en tiempo y en forma, o si se utilizan y con qué frecuencia, la recopilación de este tipo de datos solo permite evaluar aspectos puntuales de un programa. Indagar esto se resuelve con preguntas que se prestan a la cuantificación: ¿cuántas tabletas/computadoras llegaron? ¿Cuántas tienen algún problema operativo? ¿Qué tipo de problemas detectaron (no enciende, no carga la batería, no conecta a internet)? ¿Con qué frecuencia se utiliza (diario, tres veces por semana, una vez por semana)? ¿Para qué se utiliza (para realizar ejercicios precargados, para navegar en internet, para distribuir documentos, para comunicarse con otros)? Para responder estas preguntas el evaluador puede organizar instrumentos basados en rangos y frecuencias que los participantes pueden contestar de manera escrita, o bien, un encuestador los puede entrevistar y registrar sus respuestas. En el caso de equipos tecnológicos conectados a una red también se puede incluir un *software* que recoge información acerca de los materiales que se abren, el tiempo que se utilizan, los ejercicios que los alumnos realizan, etc. Estos programas acumulan de manera automatizada datos cuantitativos longitudinales.

Sin embargo, para comprender la manera en que un maestro incorpora (o no) las tecnologías y las prácticas digitales a las actividades día a día en el aula, es necesario indagar cómo utiliza las tecnologías, el tipo de actividades que promueve, cómo los alumnos y profesores articulan lo novedoso con lo conocido y cómo ponderan otras exigencias y factores. Para ello, requerimos profundizar en lo que los actores piensan acerca de lo que hacen, qué es lo que valoran y por qué, y cuáles son sus expectativas. Asimismo necesitamos una conceptualización del proceso que nos permita hacer preguntas acerca del *aprendizaje docente* (Bostock, Neuman, Colucci, 2016) y sobre las distintas maneras en que los artefactos, materiales y entornos digitales se están utilizando y cómo su presencia y disponibilidad interviene en la interacción y relaciones cotidianas, en las actividades y en la construcción del conocimiento.

Las evaluaciones de corte cualitativo, y en especial los estudios etnográficos, son más adecuados para dar cuenta de la complejidad de la apropiación de la tecnología porque permiten acercarse a los detalles de los procesos que las evaluaciones cuantitativas no revelan. Estos estudios son muy escasos, pero para este análisis pueden mencionarse como referencia el de Winocur y Sánchez (2016) sobre la experiencia de apropiación de las computadoras XO en las familias y comunidades beneficiarias del Plan Ceibal y el de Rangel Tura et al. (2013), que cuestiona la esperanza que este tipo de programas deposita en la herramienta como posibilidad de "inclusión digital" e "innovación de las prácticas pedagógicas de enseñanza y de aprendizaje".

Un buen punto de partida para este tipo de estudios es una hipótesis de trabajo que supone que se van a encontrar múltiples caminos y formas de usar y comprender los alcances de las tecnologías digitales en lugar de un proceso único. Una segunda premisa es que los usos no son preexistentes, sino que los profesores, en conjunto con sus alumnos, los construyen, y al enfrentar obstáculos y dificultades, buscan soluciones. Esto, a la vez, se sustenta en una conceptualización de la incorporación de elementos nuevos en el aula que la postula como un proceso paulatino, errante e inestable (De Certeau, 1998; Latour, 2005). Esta orientación teórica permite apreciar cómo los nuevos elementos entran en relación con otros elementos presentes en el salón de clases, como las tradiciones didácticas, los lineamientos institucionales, los materiales (libros, mapas, pizarrón, cuaderno, etc.) y la propia experiencia profesional del docente. Desde esta perspectiva, el conocimiento se construye (o se ensambla) para constituir nuevos usos. En el contexto de realizar las distintas actividades dentro del aula o en su vida diaria, los profesores también dan sentido al giro digital en la escuela. Lo que los maestros hacen y dicen en un momento dado refleja lo que piensan acerca de la tecnología, de la enseñanza, de sus alumnos y del aprendizaje (Barton y Hamilton, 1998). Parafraseando a Geertz (1983), se trata de contestar la pregunta *por qué hacen lo que hacen* e identificar qué factores confluyen para que se arriesguen a desarrollar propuestas más allá de lo de siempre (Livingstone, 2012) o por qué optan por dar continuidad a las prácticas tradicionales, lo que Lankshear y Knobel (2011: 214) llaman en inglés *"business as usual teaching"* (más de lo mismo).

Para lograrlo, es necesario observar y convivir directamente con los destinatarios de los nuevos programas y materiales. Uno debe esperar que surjan situaciones complejas y frecuentemente contradictorias cuando los profesores prueban las tecnologías con sus alumnos e inician actividades de aprendizaje en sus aulas. ¿Por qué, por ejemplo, una maestra que utiliza continuamente la tecnología con sus alumnos lo hace siempre de tal manera que podría haber pedido todos los trabajos a sus alumnos en un cuaderno, con lápiz y papel? ¿O por qué una maestra, después de producir videos con sus alumnos decide que la única forma de evaluar su trabajo es por medio de un examen donde los alumnos deben definir los procedimientos para hacer un video como el que acababan de hacer? ¿O por qué una maestra de secundaria solo permite a los mejores alumnos hacer proyectos digitales y a los demás les lleva hojas impresas para iluminar? (Kalman, Rendón y Gómez, 2015).

Más que enfocarse en el uso de un *software* u otro, se trata de comprender cómo la tecnología se inserta en el complejo de acciones y significados ya presentes en el quehacer docente; es decir, comprender cómo los profesores forman conexiones con el mundo, cómo las vinculan con los objetos materiales y simbólicos y cómo extienden o replantean estas conexiones (Cole, 1986). La mirada se desplaza del objeto en sí hacia las interacciones entre los actores, los materiales, la computadora, la internet, el currículo y las expectativas institucionales (Clarke, 2008). En otras palabras, en lugar de ver estos factores como elementos que contextualizan el uso de la tecnología, se busca comprender cómo los actores los relacionan para *constituir* y *construir* su uso. Esto permite poner más atención a lo que resulta un tanto inexplicable, contradictorio e, incluso, incoherente (De Certeau, 1988).

A veces en los proyectos de evaluación se enfrentan importantes restricciones de tiempo y se opta por elaborar guías de observación que ayudan a colocar la mirada sobre ciertos aspectos de interés. Las preguntas de estas guías suelen organizarse alrededor de lo que el maestro promueve en el aula y cómo los estudiantes responden a sus demandas:

1. ¿Cuáles son los usos de tecnología que propone el maestro en el aula?

   a. ¿Qué tipo de actividades organiza el profesor?
   b. ¿Qué se espera que los alumnos hagan/produzcan?
   c. ¿Cómo articula el profesor los materiales digitales con otros recursos didácticos (impresos, pizarrón, etc.)?
   d. ¿Cuál es la articulación de las herramientas de información, comunicación y diseño en las actividades observadas?

2. ¿Cómo responden los alumnos a las solicitudes del profesor?
   a. ¿Cómo realizan las tareas los alumnos?
   b. ¿Articulan diferentes tipos de materiales?
   c. ¿Colaboran? ¿De qué manera?
   d. ¿Los alumnos hacen uso espontáneo de la computadora?
   e. ¿Cuáles son? ¿En qué momentos? ¿Con qué finalidad?

Este tipo de preguntas ayuda a centrar la mirada en los aspectos más observables de las actividades de aprendizaje. No obstante, para dar cuenta de la complejidad y lo complicado del trabajo que realizan los profesores, es importante abrir las preguntas para desenterrar lo que en un principio parece invisible. Esto significa tratar de entender también cómo los docentes vinculan factores múltiples y heterogéneos y cómo integran la actividad, los artefactos, los propósitos, las condiciones institucionales y su complejidad contextual en el diseño de situaciones didácticas. Esto daría lugar a preguntas del tipo: ¿cómo articulan los profesores las propiedades posibilitadoras (*affordances*) de las tecnologías digitales y la representación de conocimientos y significados en actividades en el aula? Para mostrar esta complejidad, se puede preguntar: ¿de qué manera vincula el maestro la actividad, los artefactos, los propósitos y las condiciones institucionales al incorporar el uso de la tecnología digital a su práctica docente? ¿Cuáles son las actividades que perduran y cuáles son las que emergen? Aquí aparecen como componentes centrales las conexiones y los vínculos entre un elemento y otro. Para ello, es necesario examinar las relaciones que los profesores establecen, fortalecen o reformulan al trabajar en su contexto institucional con la tecnología, los diversos objetos, las tradiciones didácticas y nuevas propuestas pedagógicas. Con el fin de ilustrar lo anterior, a continuación se presenta la descripción y análisis de una situación en el aula en la que una profesora de secundaria pide a sus alumnos que realicen un video.

Evaluar la práctica docente con una mirada de cerca: un ejemplo

Durante el año escolar de 2012-2013, a través del Laboratorio de Educación, Tecnología y Educación (LETS) del DIE-CINVESTAV en Mexico,[5] tuve la oportunidad de acompañar a un grupo de profesores de secundaria y dar seguimiento a su trabajo en el aula y el diseño de situaciones de aprendizaje con tecnología. El estudio se dividió en dos partes principales: la primera, la organización de talleres de trabajo y reflexión con 21 profesores de español, historia y geografía sobre su práctica a lo largo del año escolar; y la segunda, la recopilación y análisis de datos relacionados con el uso de las tecnologías en el aula. Todos los profesores participantes eran docentes en escuelas públicas y trabajaban en un aula de medios con computadoras y otros equipos distribuidos como parte de un programa público de equipamiento. Asimismo, el currículo y planes de estudio vigentes con los que enseñaban y planeaban sus clases promovían de manera explícita la incorporación de la tecnología en el aula.

Los profesores participantes asistieron de manera voluntaria al proyecto de LETS y compartían el interés y compromiso de cumplir con la demanda institucional para incorporar la tecnología en sus aulas. Consideraban que la inclusión de la tecnología era importante porque algunos de los alumnos ya sabían usarla y a otros alumnos les interesaba mucho. Reconocían que incorporarla en la escuela era una manera de acercarse a los estudiantes y a las prácticas juveniles, aunque a los maestros les preocupaba mucho introducir al aula un artefacto, procedimientos y formas

---

[5] El proyecto *Los profesores y las TIC: La apropiación del conocimiento en la práctica* se realizó con financiamiento del Consejo Nacional de Tecnología y Ciencia (Conacyt) de México (número de proyecto 157675) de 2012-2015 en el Departamento de Investigaciones Educativas del Centro de Investigación y Estudios Avanzados. Ver Kalman (2013), Kalman y Guerrero (2013), Kalman y Rendón (2014) y Hernández, Rendón y Kalman (2016).

de hacer que los estudiantes posiblemente manejaban con mayor soltura que ellos. Por lo mismo, creían que la incorporación de las tecnologías podría "mejorar los aprendizajes" porque a los alumnos les gustaba usar los dispositivos, porque responden a representaciones visuales, y porque permiten encontrar y usar mucha información.

De los 21 maestros del grupo, cuatro tenían poca experiencia con el uso de la computadora (por ejemplo, no tenían cuenta de correo electrónico), pero aun así llevaban a sus alumnos al aula de medios a "investigar" y recibían algunas de las tareas de sus alumnos realizadas en la computadora en forma impresa. Los otros maestros usaban la tecnología en su trabajo para transmitir videos, hacer tareas de administración escolar o crear presentaciones para dar sus clases. Algunos buscaban ejercicios en línea o utilizaban programas como "Clic" para generarlos. Es decir, al inicio del proyecto, los maestros veían a la tecnología como una herramienta destinada para ellos y para conseguir información sobre un tema, pero no consideraban al alumno como el usuario principal ni sabían cómo aprovechar sus opciones de diseño para apoyar el aprendizaje y construir conocimiento. El texto escrito era el medio de expresión preferido en sus clases y vigilaban la corrección y la prescripción normativa en los escritos de sus alumnos, sobre todo la ortografía. Cuando consideraban la inclusión de alguna imagen u otro objeto gráfico a los trabajos escritos, lo hacían con un fin más decorativo que sustancial. Solo la maestra Anita reconocía y aprovechaba el potencial del diseño y la actividad como un aspecto valioso para la construcción de conocimiento y pedía a los alumnos que elaboraran mapas, líneas de tiempo, videos y otros objetos digitales.[6]

Para la mayoría de los maestros, aprender a usar las herramientas, entornos y formas de comunicación digitales con fines educativos significó reconsiderar también algunas prácticas docentes. Por eso, el tipo

---

[6] Anita inició su trabajo en el LETS en 2009.

de actividades que promovíamos implicaba cuestionar algunas de las prácticas más arraigadas en la escuela (por ejemplo, exposición del tema, reproducción de información, evaluaciones "objetivas" con exámenes, la solicitud de tareas individuales con respuestas únicas, el planteamiento de preguntas con respuestas conocidas). En cambio, buscábamos explorar con ellos las posibilidades que ofrecen las tecnologías para representar significados, desplegar conocimientos, diseñar objetos culturales, promover procesos de construcción, revisar y reelaborar productos, organizar y analizar información y establecer y mantener relaciones con otros como parte de su participación en actividades y situaciones socialmente valoradas. Por esta razón, los usos de la computadora que promovíamos partían de una actividad vinculada con su programa de estudio, su grado escolar y su situación institucional concreta, real y cotidiana.

Durante las sesiones de trabajo, las visitas a las escuelas y las entrevistas, los docentes nos mostraron y comentaron algunas de sus conexiones con la tecnología, sus alumnos, las tradiciones pedagógicas y disciplinarias, y cómo articulaban estos aspectos, heterogéneos y a veces contradictorios, con sus actividades en clase. Nuestro análisis y evaluación de su trabajo nos permitió identificar cómo estos factores impactaban en sus decisiones de manera diferenciada por la presencia que tenían, por la importancia que los mismos docentes les otorgaban y por la dirección que uno u otro les daba a sus acciones. En este sentido, las actividades fueron producto del esfuerzo de los profesores para articular, relacionar y conjugar los múltiples y heterogéneos elementos y conciliar, de alguna manera, los factores contextuales contradictorios presentes en un momento dado.

Para ejemplificar lo anterior, a continuación se describe una actividad (la realización de un video), con el fin de ilustrar cómo las formas de participación y las conexiones dan lugar a una articulación particular de factores institucionales, pedagógicos, disciplinarios y tecnológicos. Aquí sigo la propuesta de Lave (2011: 152), quien ha señalado que el análisis de una práctica siempre será una exploración de diversas relaciones. El autor subraya que la actividad siempre es situada y plantea que

> los sujetos, los objetos, las vidas y los mundos se constituyen en sus relaciones. Esto es, los contextos en los que las personas viven no son simplemente un telón de fondo ni un recipiente (...) las personas se ubican de manera singular en el espacio, en sus relaciones con otras personas, con las cosas, con las prácticas y con los arreglos institucionales.

De una manera similar, aunque desde una posición teórica distinta, Latour (2005) insiste en que "lo social" como tal no existe, lo que existen son una serie de asociaciones y ensamblajes de relaciones; es decir, la explicación de la actuación (*performance*) y los acontecimientos se encuentra en las relaciones y conexiones entre las personas, los discursos y los objetos.

El video y el examen

En acuerdo con el programa de estudios de Español del primer grado de secundaria, la maestra Hilda pidió a sus alumnos que retomaran un trabajo que hicieron para las asignaturas de Biología o Geografía y lo convirtieran en una monografía en video. Inició esta tarea escribiendo una definición de monografía en el pizarrón y luego pidió a los alumnos que consultaran en sus libros de texto, lo comentaran o le agregaran elementos. Les solicitó crear un video utilizando Movie Maker con cinco diapositivas basadas en las ideas principales de un reporte de otra asignatura. Luego planeó cinco clases para la realización de esta actividad:

Tabla 1. La planeación de la realización de un video (maestra Hilda)

Sesión	Espacio	Desarrollo de las sesiones (comentarios de la maestra en cursivas)
1	Aula de medios	Maestra de aula de medios revisa información que llevaron en su USB • Se explica cómo hacer JPG • Se explica manejo de colores • Se explica manejo de imágenes
2	Salón de clase	Se explican • Los tipos de monografía • Las modificaciones que les tenían que hacer a sus diapositivas, a las imágenes y a los textos • La elaboración de la bibliografía • Se deja de tarea: buscar música y crear dispositivos
3	Aula de medios	• Trabajar con pg. • Bajar música • "Manipular" (resumir, seleccionar) información
4	Salón de clase	• "Retomar" los tipos de monografía y la bibliografía. *(La maestra comentó "hice un cuestionario sobre monografía... [vimos] cómo va la bibliografía, como hay que poner este-as fichas bibliográficas, las volví a retomar por título, por autor, por tema; hicieron unas en su cuaderno")*
5 y 6	Aula de medios	• Elaborar video *"y ya la siguiente sesión bajaron y complementaron su video"* • Se eliminó la exhibición de los trabajos *("no terminaron porque nosotros teníamos programadas una sesión para el video y una sesión para observarlos pero no, fueron dos sesiones para el video).*

La propuesta de la profesora ilustra los elementos que considera importantes en la elaboración de este producto: el número de diapositivas, la información resumida, y la inclusión de imagen y sonido. Las monografías realizadas en video fueron sobre diversos temas como obesidad, placas tectónicas o noviazgo, y contenían una variedad de elementos como mapas (con la localización de las placas tectónicas del mundo), gráficas (con información estadística), recomendaciones, definiciones, así como la inclusión de las fuentes de información, por mencionar algunos. Para evaluar esta actividad, la maestra realizó un examen escrito para verificar los conocimientos de sus alumnos.

Línea	Transcripción
15052	Hilda: el día de antier le hice examen al 1º A
(...)	
15062	entonces en la pregunta 9 les dije ¿cuáles son los pasos para elaborar una monografía escrita que vayas a entregar impresas?
15063	les digo pongan atención porque la 10 es ¿cómo elaborar una monografía en video?
15064	ah sí ¿y quiere los pasos detalladamente como guardar cómo?
15065	le digo no exactamente pero sí la guardé en tal formato
15066	la guardé en tal memoria o de esta manera
15067	ah sí
15068	eso fue en 1º A
15069	Hilda: el día de ayer hice en 1º B les digo la misma pregunta
15070	digo ¿cómo hacer una monografía escrita o impresa? Y ¿cómo van a hacer una monografía en video? ¿cuáles son los pasos?
15071	pero no hicimos monografía
15072	eso no lo vimos

15073	le digo ah no lo vimos
15074	hicimos un video pero no hicimos monografía
15075	le digo ah entonces ahí ya nos perdimos
15076	y sí se me hizo así como en el 1º A no me dijeron nada sobre eso
15077	y en el 1º B así como que-
15078	digo entonces la maestra de español se los llevó a pachanguear a hacer videos a red

Fuente: RS3-B-OH.[7]

Algunas preguntas planteadas en el examen, como la que apela a los pasos para elaborar una monografía (línea 15062), sugieren que para Hilda la realización de un trabajo como este es equivalente a transitar por una serie de acciones técnicas y parece que a través del examen la maestra busca que los alumnos puedan declarar qué fue lo que hicieron. Por ello, se enfoca sobre el procedimiento más que en el proceso de elaboración de las producciones, cómo desarrollaron la secuencia en sus videos o eligieron las imágenes; se extraña una preocupación por aspectos sustanciales de las monografías como el manejo del contenido, datos o su comprensión del tema reportado.

Asimismo, la evaluación de lo que los alumnos saben hacer para crear un producto digital es mediada por la redacción de lo que saben hacer. En su configuración de esta actividad, Hilda equivale la operación de la herramienta Movie Maker y el conocimiento de los formatos que el *software* permite con la capacidad de describirlos por escrito en un examen (línea 15063). Lo que parece tener

---

[7] Esta nomenclatura corresponde al registro o transcripción fuente del que se recupera la información referida. Las diferentes fuentes incluyen registros de la Semana de Instalación (inicia con SI), Reuniones de Seguimiento (RS), Radiografías (resumen de actividades del año), Cuestionarios, Notas de Campo, y Entrevistas. Las claves incluyen si es trabajo de equipo, individual o en plenaria, y la colocación de la cámara.

un peso particular aquí es el conocimiento declarativo de los procedimientos, esto es, la capacidad de reproducir por escrito los pasos a seguir, así como la tradición didáctica e institucional de calificar (más que evaluar) los aprendizajes mediante una prueba escrita. Hilda expresa en diferentes momentos su preocupación por cumplir con las líneas institucionales de manera estricta. Por ejemplo, en un cuestionario sobre las actividades realizadas durante el mes de octubre, la maestra señaló que "Me preocupa que mi tema no coincide con la búsqueda de información sino que se refiere a la representación de información". Es decir, reportó que sus alumnos "realizaron un mapa mental sobre mito y leyenda y un cuadro de diferencias entre cada uno" y le inquietaba que no estaba cumpliendo cabalmente con el mandato del currículo que estipula que los alumnos deben buscar información pero no menciona que la deben representar.

Hilda realizó el mismo examen con varios grupos y encontró una situación inesperada con uno de ellos, pues sus alumnos no entendieron que el video que realizaron correspondía *a un formato visual de la monografía* que hicieron para la otra asignatura. En su narración se percibe que algunos de sus alumnos no identificaron que trabajaron el género de la monografía pero sí recordaban haber realizado un video. Hilda se mostró desconcertada cuando mencionó que *se perdieron* en el tema, y menciona de forma irónica lo que asume que sus alumnos observaron (líneas 15075-15078).

Este fragmento dibuja nuevamente el compromiso de Hilda con la institución escolar mediante una interpretación literal del programa de estudio como un temario que se debe seguir al pie de la letra y su preocupación por cubrirlo ítem por ítem. De manera similar, recalca una valoración del conocimiento declarativo de la definición de la monografía y los procedimientos sobre una construcción de los contenidos, su significado o una reflexión acerca de lo que significa representarlos de una u otra manera. Es decir, al alumno le pidió que repitiera los pasos que siguió pero no le solicitó ningún tipo de interpretación propia del contenido de su trabajo o las decisiones que tomó para realizarlo (líneas 15063 a 15065). En este examen el procedimiento para elaborar la monografía resultó de mayor importancia frente a los elementos contenidos en los propios trabajos, como las formas de representación, la temática, la organización del contenido o las maneras de citar la información.

El ejemplo anterior muestra, por lo menos en parte, algunas de las ideas que tiene Hilda al trabajar con tecnología:

- Es secundaria a la escritura.
- Se reduce a una serie de pasos técnicos, como guardar información, realizar diapositivas o bajar imágenes. Las acciones que sobresalen del manejo de la información son investigar, resumir, sacar ideas principales.
- Los pasos a seguir para realizar un objeto cultural (en este caso el video) se traducen a un contenido estático que el alumno debe ser capaz de declarar y repetir.

Esto sugiere que la visión de Hilda, y muchos docentes como ella, de "investigar" y "usar la tecnología" es más bien un asunto de procedimientos, como si recorrer los pasos condujera a la realización de un buen trabajo. Insinúa que la maestra se enfoca en el producto terminado y solo considera importante el camino técnico para llegar a su elaboración sin considerar otros aspectos de la construcción del conocimiento, como la exploración de ideas, las conexiones entre conceptos y datos, la relación entre la experiencia y el aprendizaje o la toma de decisiones en el proceso de elaboración. Parece que busca verificar los pasos que ella suponía necesarios para elaborar una monografía en video y que asume que los alumnos transitaron para realizar su trabajo. Privilegia la definición del procedimiento e invisibiliza lo que los estudiantes hicieron y experimentaron al realizar un video y otros aspectos del uso de la tecnología digital (por ejemplo, el abordar y navegar en distintas plataformas, la adecuada expresión del contenido mediante la combinación de modos de representación, o el trabajo colaborativo entre pares tanto en línea como fuera de ella) (Lotherington et al., 2016). Este ejemplo ilustra cómo la maestra Hilda vincula sus nociones didácticas, el contenido curricular de su materia, el uso de la computadora e internet y las sugerencias de LETS mediante ciertas conexiones, algunas más fuertes e intensas que otras. Su conexión con la institución escolar (mediante su interpretación del programa de estudio) junto con su construcción de la tarea docente como administradora de los contenidos y temáticas, es un lazo robusto y sólido, cimentado en su asociación con una didáctica transmisora. Sin embargo, además tienen presencia otras conexiones -con lo que los alumnos hacen y preguntan, con las *affordances* de la tecnología y con su relación naciente con LETS- que se expresan también en su narrativa de los eventos.

Su apreciación del aprendizaje de los alumnos, su capacidad, sus logros y sus conocimientos se define en términos de un ejercicio único (un examen) mediado por la escritura. El trabajo con el video y lo que ofrece como modo de expresión se subordinó en el momento de la evaluación a recitar los pasos para crearlo. Esto ilustra cómo, aunque la maestra articuló el trabajo de los alumnos, pidiéndoles que transformaran un texto en un video, su orientación siguió siendo grafocéntrica (centrada en la escritura); los lineamientos institucionales y las tradiciones pedagógicas tuvieron una presencia fuerte e impactaron en sus decisiones. Por otro lado, las acciones de enseñar fueron orientadas a dirigir el uso de la tecnología, los procedimientos para usar el *software* o para asegurar que los alumnos incluyeran aspectos convencionales en sus trabajos. En su narrativa privilegia este tipo de situaciones, no reporta, por ejemplo, una discusión con sus alumnos acerca del proceso de armar su video o el manejo de los contenidos.

Comentario final

Los resultados recientes publicados por la OECD pueden resultar sorpresivos para algunos, pero para otros -y me incluyo aquí- no tanto. Varios estudiosos del tema (Dussel, 2016; Buckingham, 2007; Lankshear y Knobel, 2011; Knobel y Kalman, 2016; Coll, 2008) hemos insistido en que la mera presencia de las tecnologías digitales no transforma la práctica docente ni garantiza mejores aprendizajes. La innovación, renovación o refundación educativa -como se le quiere denominar- depende más de una reconceptualización del sentido de la educación, la construcción de nuevas prácticas pedagógicas y un replanteamiento de las relaciones sociales en el aula entre los profesores, los alumnos y la institución escolar, que de la inserción de tecnologías digitales.

El ejemplo de la maestra Hilda permite ver cómo un acercamiento y análisis cualitativo a las prácticas de enseñanza en el aula pueden revelar cómo las prioridades y posiciones de la maestra constituyen una parte importante de lo que los profesores deciden hacer y valorar en el aula. Estos aspectos tienden a ser invisibles para el desarrollo docente y pocas veces se toman en cuenta en el proceso de actualización y sobre todo cuando se supone que las tecnologías "abrirán el cambio hacia la creatividad y aprendizajes profundos" (Dussel, 2016).

Vale la pena subrayar que de primera vista Hilda cumple con varios aspectos del uso de las tecnologías promovidas por organizaciones como la UNESCO y la misma OECD: ella ayuda a los estudiantes a usar la tecnología para hacer búsquedas e integrar información, diseña módulos y actividades en el aula que incluyen herramientas digitales (https://goo.gl/b7CpXG) y utiliza las tecnologías digitales como una herramienta de enseñanza (OECD, 2012). Sin embargo, el ejemplo presentado ilustra cómo Hilda está entre dos paradigmas pedagógicos, uno que se edifica sobre el control, la jerarquización y el monitoreo de los entornos de aprendizaje y los estudiantes, y otro que aprecia la complejidad de los contextos, las sutilezas de la interacción y colaboración, y lo paulatino de la construcción del conocimiento. En este sentido, aun en los proyectos de inclusión digital, el trabajo fuerte que falta realizar con los profesores es discutir, analizar y comprender las conceptualizaciones de la enseñanza y el aprendizaje y la relación de la práctica con dichas conceptualizaciones, además de problematizar aquellas creencias acerca de la educación y el conocimiento que pocas veces se cuestionan.

Más que pensar en cómo la tecnología puede sanar o perfeccionar a la educación, la tarea es pensar en cómo podemos transformar nuestras ideas, supuestos y formas de hacer en los espacios educativos y de qué manera el uso de las tecnologías digitales nos puede ayudar a hacerlo. Pero eso es complejo y complicado: implica múltiples factores y acciones. Por ello, lo que debemos poner en primer plano son oportunidades para diseñar, probar y mejorar actividades de aprendizaje a partir de ensayar propuestas e intercambiar experiencias y reflexionar acerca de las posturas teóricas que las informan. Discusiones que examinan la articulación de las herramientas digitales con la integración curricular, el aprendizaje colaborativo, la complejidad de los lugares de trabajo de los profesores y los intereses de los jóvenes son indispensables para la construcción de nuevas prácticas y/o la modificación de otras ya existentes. Para esto, tenemos que ampliar nuestra mirada y hacer aquellas preguntas que nos llevan a una evaluación profunda de lo que ocurre en el aula, cómo los maestros enseñan y lo que cuenta como aprendizaje.

Bibliografía

Area Moreira, M. (2011). "Los efectos del modelo 1:1 en el cambio educativo en las escuelas. Evidencias y desafíos para las políticas iberoamericanas". En *Revista Iberoamericana de Educación*, 56, 49-74.
Barton, D. y Hamilton, M. (1998). *Local Literacies. Reading and Writing in One Community*. London: Routledge.
Bostock, S.; Neuman, K. y Colucci, M. (2016). "Doing-It-Ourselves Development: (Re)defining, (re)designing) and (re)valuing the Role of Teaching, Learning, and Literacies". En M. Knobel y J. Kalman, *New Literacies and Teacher Learning: Professional Development and the Digital Turn*. NY: Peter Lang (43-64).
Buckingham, D. (2007). *Beyond Technology: Children's Learning in the Age of Digital Culture*. London: Polity Press.
Clarke, J. (2008). "Assembling 'Skills for Life': Actor-network theory and the New Literacy Studies. En M. Prinsloo y M. Baynham (eds.), *Literacies, Global and Local* (pp. 151-169). Philadelphia: John Benjamins Publishing Company. ANT.
Cole, M. (1986). "The zone of proximal development: where culture and cognition create each other". En James Werscht (ed.), *Culture, Communication and Cognition. Vygotskian Perspectives*. Cambridge: Cambridge University Press, 146-161.
Coll, C. (2008). "Aprender y enseñar con las TIC: expectativas, realidad y potencialidades". En C. Medrano y D. Vailant (eds.), *Aprendizaje y desarrollo profesional docente*. Madrid: Organización de Estados Iberoaméricanos, 113-126.
Cuban, L.; Kirkpatrick, H. y Peck, C. (2001). "High access and low use of technologies in high school classrooms: Explaining an apparent paradox". En *American Educational Research Journal*, 28(4), 813-834.
De Certeau, M. (1988). *The Practice of Everyday Life* (Trans. S. Rendall). Berkeley: University of California Press.

Dussel, I. (2016). "Professional development and digital literacies in Argentinean classrooms. Rethinking 'what works' in massive technology programs". En M. Knobel y J. Kalman, *New Literacies and Teacher Learning: Professional Development and the Digital Turn*. NY: Peter Lang (131-150).

Frank, K.; Zhao, Y. y Borman, K. (2004). "Social Capital and the Diffusion of Innovation Within Organizations: The Case of Computers Technology in Schools". *Sociology of Education*, 77 (April), 148-171. Disponible en http://goo.gl/WtCosu.

Geertz, C. (1983). *Local Knowledge*. New York: Basic Books.

Hernández, O.; Rendón, V. y Kalman, J. (2016). "Accompaniment: A Socio-Cultural Approach for Rethinking Practice and Uses of Digital Tecnologies with Teachers en Knobel, M. y Kalman, J. (2016). Introduction". En M. Knobel y J. Kalman (eds). *New Literacies and Teacher Learning: Professional Development and the Digital Turn*. NY: Peter Lang, pp. 21-42.

Hernández, O. (2015). "Trabajo, estudio y canto: actividades cotidianas y la apropiación de prácticas digitales en una comunidad suburbana de la ciudad de México". Tesis doctoral presentada en el Centro de Investigaciones y Estudios Avanzados del IPN, Mexico DF.

Holland, I.; Honan, J.; Garduño, E. y Flores, M. (2006). "Informe de evaluación de Enciclopedia". En Fernando Reimers (2006). *Aprender más y mejor. Políticas, programas y oportunidades de aprendizaje en educación básica en México*, Selección de obras de Educación y Pedagogía, Fondo de Cultura Económica, Secretaría de Educación Pública, México.

Kalman, J. (2013). "Beyond common explanations: Incorporating digital technology and culture into classrooms in Mexico". En *Digital Culture & Education*, 5: 2, 98-118.

Kalman, J. y Guerrero, E. (2013). "A social practice approach to understanding teachers learning to use technology and digital literacies in their classrooms". En *E-Learning and Digital Media*, *10* (3), 260-275.

Kalman, J. y Rendón, V. (2014). "Use before know-how: teaching with technology in a Mexican public school". En *International Journal of Qualitative in Education* 27(8): 974-991.

Kalman, J.; Rendón, V. y Gómez, L. (2015). Informe final de *Los profesores y las TIC: La apropiación del conocimiento en la práctica*, que se realizó con financiamiento del Consejo Nacional de Tecnología y Ciencia (Conacyt) de México (número de proyecto 157675). Disponible en http://goo.gl/fjmDlL.

Knobel, M. y Kalman, J. (2016). "Teacher Learning, Digital Technologies and New Literacies". En M. Knobel y J. Kalman (eds). *New Literacies and Teacher Learning: Professional Development and the Digital Turn*. NY: Peter Lang, 1-20.[8]

Lankshear, C. y Knobel, M. (2011). *New Literacies* (3a. ed.). New York: McGraw Hll.

Latour, B. (2005). *Reassembling the social. An introduction to Actor-Network-Theory*. Oxford: Oxford University Press.

Lave, J. (2011). *Apprenticeship in Critical Ethnographic Practice*. Chicago: Chicago University Press.

Livingstone, S. (2012). Critical reflections on the benefits of ICT in education. En *Oxford Review of Education*, 38 (1), 9-24.

Lotherington, H.; Fisher, S.; Jenson, J. y Lindo, L. (2016). *Professional Development from the Inside Out: Redesigning Learning through Collaborative Action Research*. En M.

---

[8] Nota de los editores: el libro *New Literacies and Teacher Learning: Professional Development and the Digital Turn* fue traducido al español con el título *Aprendizaje docente y las nuevas prácticas de lenguaje*, y publicado por SM Editores (México).

Knobel y J. Kalman, *New Literacies and Teacher Learning: Professional Development and the Digital Turn*. NY: Peter Lang (65-88).

Nugroho, D. y Lonsdale, M. (2010). *Evaluation of OLPC programs globally: a literature review*. Australia: Council for Educational Research. Disponible en http://goo.gl/pAiSXa.

OECD (2012). *Preparing teachers and developing school leaders for the 21st century – lessons from around the World*.

Rangel Tura, Maria de Lourdes; Velloso da Silva Seixas, Luciana y Vidal Pereira, Talita (2013). "Um computador por aluno: Um currículo para todos os aluno", presentada en VII Seminário Internacional – As Redes Educativas e as Tecnologias: transformações e subversões na atualidade 2013. Del 3 al 6 de junio del 2013 Universidad do Estado do Rio de Janeiro, Rios de Janeiro Brasil.

Rojano, T. (coord.) (2006). *Enseñanza de la Física y las Matemáticas con Tecnología*, México: SEP-SEB.

Schleicher, A. (2015). "Students, computers and Learning: Where's the connection?". En *Education Today*. Disponible en https://goo.gl/fvFf29 (última visita: 27 de septiembre de 2015).

Strum, S. y Latour, B. (1987). "Redefining the social link: from baboons to humans". En *Social Science Information*, 26: 4, 783-802.

Unesco (2008). Estándares de competencias en TIC para docentes. Disponible en https://goo.gl/2YT21M.

Warschauer, M.; Cotten, S. y Ames, M. (2012). "One Laptop per Child Birmingham: Case Study of a Radical Experiment". En *International Journal of Learning and Media*, 3(2), 61-76. Disponible en http://goo.gl/FtfBQc.

Winocur, R. y Sánchez Vilela (2016). *Familias pobres y computadoras. Claroscuros de la apropiación digital*. Montevideo: Editorial Planeta.

Este libro se terminó de imprimir en diciembre de 2016 en Imprenta Dorrego (Dorrego 1102, CABA).

www.ingramcontent.com/pod-product-compliance
Lightning Source LLC
Chambersburg PA
CBHW032004220426
43664CB00005B/142